LE
CRI DE LA NATION.

LE
CRI DE LA NATION

SUR

LA POLITIQUE ET L'ADMINISTRATION CIVILE, ÉCONOMIQUE ET FINANCIÈRE

DU MINISTÈRE

DEPUIS DEUX ANS.

PAR ALEXANDRE CREVEL,

AUTEUR

DU CRI DES PEUPLES.

Avec un SUPPLÉMENT servant d'introduction à la défense relative à la saisie du *Cri des Peuples*.

Labor omnia vincit improbus.

A PARIS,

Chez L'HUILLIER, Libraire-Éditeur, rue Serpente, N°. 16;

DELAUNAY, Libraire, au Palais-Royal.

MARS 1818.

IMPRIMERIE D'ANT. BAILLEUL,
RUE SAINTE-ANNE, N°. 71.

AVERTISSEMENT.

Dans mon ouvrage intitulé *le Cri des Peuples*, je plaidai la cause des nations et des monarques, qui, ainsi que nous le prouve l'histoire de tous les temps, ne furent que trop souvent les victimes de l'ambition des courtisans, des faux systêmes et de l'impéritie des Ministres. Les Ministres les conduisirent à leur perte, quelquefois en essayant d'étendre entre leurs mains des pouvoirs dont ils n'étaient que simples dépositaires.

Je présentai des vérités utiles. En les publiant, j'eus le désir de les propager dans l'intérêt général. Les succès de cet écrit, l'estime dont les gens de bien daignèrent honorer l'auteur, furent ma plus douce récompense. Il m'eût été agréable de voir les Ministres prendre pour règles mes conseils, que l'opinion a depuis sanctionnés. Mais des raisons particulières les ont sans doute engagés à faire saisir cet ouvrage le 3 février. La troisième édition, tirée au nombre de quatre mille exemplaires, venait d'être épuisée. Si les Ministres ont agi dans l'intérêt de mon pays, je les approuve; s'ils n'ont écouté que la voix de l'intérêt personnel, je les blâme.

J'avais confié mon manuscrit à un homme de lettres qui me l'a soustrait, ou chez lequel il a été soustrait. Dans les premiers jours d'octobre, je me trouvai forcé de réunir des idées éparses sur des feuilles volantes, et de recomposer entièrement cet ouvrage, pour le livrer de suite à la presse, afin qu'il parût le 5 novembre, jour de l'ouverture de la session. Je n'ai pu, par conséquent, dans l'espace d'une douzaine de jours, mettre la dernière main à cet écrit, dans lequel on a dû remarquer des négligences : j'ai néanmoins rempli le devoir d'un bon citoyen en le publiant.

Excité par l'amour que je porte à ma chère patrie, que je suis désolé de voir sans cesse *in statu quo antè bellum*, je publie aujourd'hui une nouvelle brochure. J'ai pris précipitamment la plume pour tracer la situation de mon malheureux pays, en cherchant les moyens de remédier aux maux qui l'accablent.

Pour parvenir à ce but, j'ai dû examiner ce que les Ministres ont fait pour nous. Cet examen n'est ni un libelle, ni un pamphlet, mais une *critique raisonnée* des opérations du ministère depuis deux ans ; il est l'œuvre d'un écrivain qui brûle du désir de voir sa nation heureuse, sous l'égide de la justice et sous l'empire des lois.

J'ai fait entendre *le Cri des Peuples ;* je vais faire entendre *le Cri de la Nation.*

LE CRI DE LA NATION

SUR

LA POLITIQUE ET L'ADMINISTRATION

DU MINISTÈRE.

AU MINISTÈRE.

La France, incertaine sur l'avenir, poussant de profonds soupirs, réclamait de votre sollicitude, de votre dévouement, la réalisation des pompeuses promesses qui avaient fait germer dans nos cœurs l'espoir d'une prochaine guérison : promesses trompeuses ! vaine illusion ! ! !

Nos charges s'accrurent en 1816. Un budget énorme et plus alarmant fut présenté pour 1817. Cet accroissement de besoins exigea impérieusement une sur-imposition.

Placés, par les circonstances, entre le danger de refuser l'impôt, et le grave inconvénient de laisser vider le trésor public, les Députés adoptèrent la loi de finances, et votèrent ce budget, *faute de mieux*.

La nation, au milieu de ses détresses, se résigna; elle fit un nouvel effort : la moitié des impôts fut payée par la crainte, l'autre moitié par la nécessité.

La nation se persuadait que les Ministres, instruits à l'école d'une pénible expérience, éclairés par l'évidence des faits, excités par le véhicule d'un véritable amour national, mus par un sentiment d'humanité, s'empresseraient de dissiper ses appréhensions et de seconder ses efforts.

Elle s'attendait à les voir s'occuper sérieusement du soin d'améliorer sa malheureuse situation, en rassemblant tous les matériaux nécessaires pour fonder l'édifice du bonheur public, sous les yeux du Monarque, qui, par sa position naturelle, n'étant point en contact avec ses peuples, ne pouvant tout voir, tout savoir, tout entendre, ne connaît les besoins et la pénurie de ses sujets qu'à l'aide des documens qu'il reçoit des dépositaires de son pouvoir, chargés de l'administration générale de l'État, sous sa surveillance.

La France s'aperçoit qu'aucune mesure n'est proposée pour soulager sa misère, pour lui faire supporter le poids de ses infortunes, et calmer ses souffrances. Elle reçoit, en échange de tant de sacrifices, des phrases arrondies, des chiffres accumulés, un détail apocryphe de l'emploi de ses tributs.

Pauvre peuple ! combien tu t'abusais ! Devenu depuis un quart de siècle le jouet des événemens, flatté, trompé tour à tour par l'inconstance d'une capricieuse fortune, tu cueillis des lauriers dans les champs de la Germanie; tu plantais déjà l'olivier sur le sol de la patrie; .... partout tu vois croître de sinistres cyprès.

I.

« *Messieurs,* a dit, le 15 décembre dernier, » l'organe du ministère (en présentant le » budget de 1818), *chaque présentation de* » *budget est une époque impatiemment at-* » *tendue.*

» *Le Gouvernement est donc sûr de trouver* » *la nation attentive, quand il vient lui parler* » *de la situation de ses finances; c'est un* » *avertissement pour lui de ne rien dire qui* » *ne soit vrai, de ne rien proposer qui ne soit* » *nécessaire.* »

Oui, ministère, la France n'attendit jamais avec plus d'impatience qu'en 1817 la présentation du budget *retardée d'un mois.*

La nation attentive a tout vu, tout entendu. Je vous demande, en son nom, *si vous n'avez rien dit qui ne soit vrai, rien proposé qui ne soit nécessaire* ?

Entendez-vous LE CRI DES CONTRIBUABLES ? entendez-vous LE CRI DES INDIGENS ? De la France ils sont tous les enfans ; seuls ils composent sa famille.

Ah ! puissiez-vous, comme Sully, dans l'ombre du mystère, parcourir nos villages, visiter en secret nos cités ! Des cris bruyans, des plaintes, des alarmes vous apprendraient *si vous avez dit vrai ;* et vous sauriez que, dans votre plan de campagne, vous avez oublié *les provisions*, ... LE NÉCESSAIRE.

II.

« *Les révolutions qui tombent sur les Etats* » *passent ; mais la plaie qu'elles font aux fi-* » *nances reste : c'est la dernière et la plus* » *longue à guérir* (1). »

Les révolutions qui tombent sur les Etats

(1) Suite du discours prononcé par l'organe du ministère, en présentant le budget à la Chambre des Députés.

sont des torrens qui, prenant leur source au faîte des grandeurs, entraînent dans leur chute le bonheur, la sécurité, la prospérité des nations, ébranlent ou renversent les trônes, brisent les chaînes qui retiennent les passions, portent partout le désastre et les ravages, lorsque des mains habiles et vigoureuses n'ont pas détourné la direction des eaux qui devaient les former.

Plus le torrent est rapide, plus les plaies sont profondes. L'insouciance et l'impéritie aggravent le mal; l'amour du bien et l'habileté le guérissent. Il est du devoir des hommes placés sur les degrés du trône, d'éviter le renouvellement des effets des révolutions, de profiter des leçons présentées par de douloureux souvenirs, pour amortir les commotions, pour arrêter la continuité de l'action des ricochets.

III.

« *Vous avez commencé cette pénible tâche,* » *en votant le budget de* 1816; *vous l'avez* » *continuée pour celui de* 1817 : LES MÊMES » REMÈDES VOUS SONT DEMANDÉS POUR 1818. »

Les mêmes remèdes vous sont demandés pour 1818..... O ma chère patrie! à quels médecins le père de ta grande famille a-t-il confié la vie de tes malheureux enfans!

Hélas! si, désespérant du succès, renonçant à ta guérison, en t'administrant leurs poisons, ces docteurs inexorables ont prononcé ton arrêt, recourons en appel aux deux Chambres de haute-justice.

Là des cœurs plus sensibles partageront tes souffrances; des yeux plus pénétrans apercevront tes larmes; des oreilles plus attentives entendront tes sanglots, tes gémissemens, *les cris des contribuables*, *les cris des indigens*, LE CRI DE LA NATION.

Ah! ministère, si, en prétendant nous administrer *ces mêmes remèdes*, vous vous déclarez les amis du bien public et de votre pays, je dirai comme Montaigne: *que sais-je!*

Le mandat que vous a remis une main royale est un diplôme de *docteur en médecine politique*: déployez donc toutes les ressources de la science; employez, pour nous guérir, tous les secours de l'art; renoncez aux orviétans, à l'empirisme; soyez plus vrais que les dentistes.

De savans médecins peuvent-ils ignorer que la plaie des finances renferme un typhus qui, en s'étendant sur toutes les parties du corps social, attaque les viscères les plus nobles, paralyse ses membres et les désorganise ? En appliquant des topiques, vous déplacez le mal, et ne le guérissez pas.

Sans théorie, vous n'êtes que de mauvais praticiens : vous n'activez pas la circulation, la consommation, et n'entretenez point les principes de vie; vous saignez le corps politique; vous lui enlevez le sang le plus pur, qui, en circulant dans ses veines, répandrait l'action, le mouvement dans tous ses membres.

Qu'ont-ils guéri ces orviétans dont vous faites un si pompeux étalage ? Est-ce le commerce ? il est en léthargie. Est-ce l'industrie, elle est en paralysie. Ont-ils guéri l'agriculture de cette fièvre dévorante qui porte les cultivateurs à emprunter à intérêts usuraires les avances de leurs frais de culture? Ont-ils guéri la plaie formée par les dissentions ? Cette plaie s'étend de jour en jour.

Ont-ils guéri de la manie de l'arbitraire ces Ministres qui se jettent sur le peuple, l'oppriment, le privent de ses droits et de la protection qu'il réclame, en invoquant en vain les bienfaits de la Charte ?

Ont-ils guéri les déréglemens de l'imagination ministérielle, qui voit partout des fantômes, des montagnes qu'il serait si facile de dissiper ou d'aplanir ?

Ont-ils guéri cette surdité interposée entre vos sens et les gémissemens d'un peuple entier qui, au sein de la discorde, sous le poids du malheur, ne conserve l'espérance que pour en appeler de l'insouciance du ministère endormi à la paternité de son Roi éveillé sur les dangers qui menacent et le trône et la patrie ?

Voilà les exténuans, les corrosifs dont vous demandez l'application en 1818. Pauvre peuple ! *O formose puer! nimium ne crede colori.*

IV.

« *L'état actuel des finances devient toute-*
» *fois plus* RASSURANT, *par l' espoir que la gra-*
» *vité ne passera point, en se prolongeant, la*
» *limite de nos forces et de notre résigna-*
» *tion.* »

Cet espoir est-il bien fondé ? Avez-vous prévu les résultats de votre système, établi sur votre maxime chérie, *imposer et percevoir* ?

Imposer et percevoir ne sont pas synonymes de guérir, mais bien *d'affaiblir, exténuer, épuiser*. La gravité de l'état actuel de nos finances sera continue ; elle dépassera les limites de nos forces et de notre résignation. Nous sommes condamnés à nous voir courbés sous le fardeau des impôts, parce que les besoins de chaque année s'élèvent au-delà de la première fixation des besoins ordinaires et extraordinaires. J'aurai l'occasion de le démontrer.

V.

« *C'est beaucoup, Messieurs, qu'au milieu*
» *de nos souffrances particulières qui, cette*
» *année, se sont jointes à nos charges géné-*
» *rales, notre situation financière n'ait pas*
» *empiré, et que même sa tendance vers l'a-*
» *mélioration ait pu se soutenir.* »

Quand on promet d'être franc, pourquoi ne pas tenir sa parole ? Vous osez nous dire que notre situation financière tend vers l'amélioration ; comment le prouvez-vous ? C'est en comparant le budget de 1818, porté à près *d'un milliard*, avec celui de 1817, qui, d'abord fixé à 1066 millions, a été élevé par vous à 1100 millions.

En vous exprimant ainsi, vous insultez à la nation; vous prenez les Français de 1818 pour un peuple d'iroquois. Si vous essayez de la tromper, la France, éclairée par l'expérience, ne se laissera pas prendre à vos filets. Les sophismes, lés spécieuses assertions ne sont plus de saison; le plus petit citoyen peut parcourir le sentier qui mène au sanctuaire de la vérité : mais, hélas! il ne vous y rencontrera pas, puisque vous prenez des chemins détournés.

Notre situation tendrait vers l'amélioration, si, par de savantes économies, et non par des parcimonies puériles, vous aviez su alléger le fardeau qui pèse sur vos concitoyens. Je m'explique.

Le budget de 1816 fut fixé par la Commission de la Chambre des Députés à 545 millions, qui, ajoutés à 280 millions 800 mille francs pour l'entretien des troupes étrangères, et le cinquième des contributions de guerre, formèrent un *budget ordinaire* de 826 millions (1). Ce budget comprenait

---

(1) L'imprévoyance n'avait porté qu'à 800 millions ce budget, qui fut évalué à 839 le 15 novembre 1816, puis à 884. La dépense fut fixée à 899, et la

les dépenses ordinaires et perpétuelles de l'Etat, ainsi que les dépenses extraordinaires temporaires. Il devait être *permanent* pendant cinq ans, sauf quelques légères additions ou quelques diminutions dans les dépenses ordinaires, résultat d'une économie bien entendue.

Nous étions condamnés *par les événemens* à supporter pendant cinq ans une charge générale de 800 et quelques millions. Telle devait être notre situation en 1816, 1817, 1818, 1819, 1820. Les arriérés, l'emprunt des 100 millions avaient été ajournés jusqu'en 1821.

Au lieu de reproduire pour 1817 une somme de dépenses égale à celle de 1816, vous les élevâtes à 1088 millions (et depuis à 1100) : il existait donc entre ces deux budgets une différence de plus de 270 millions. Vous évaluâtes les recettes à 774 millions; et pour niveler les recettes *présumées* et les dépenses, qui, devant être certaines,

---

recette à 893, dans le compte rendu le 15 décembre 1817 : ce budget ne sera donc clos et régularisé que *deux ans* après sa présentation.

ne furent aussi que *présumées*, vous proposâtes une création de rentes.

L'excédant du second budget sur le premier devait provenir des *déficits*, et de divers arriérés évalués à 83 millions; mais ils s'élevèrent au-delà de cette somme.

30 millions de rentes vous furent accordés par les Chambres; ils représentaient un capital de 600 *millions*, et suffisaient pour couvrir l'excédant de la dépense.

Cette somme *une fois payée* avec un capital *plus que suffisant* (et qui figure pour 311 millions dans votre dernier compte rendu), nous reportait sur notre ancien terrein. Nous devions par conséquent nous attendre à nous voir représenter notre budget ordinaire, permanent pendant cinq ans, de 800 et quelques millions.

Si le montant des dépenses de 1818 était moindre que 800 millions; si une bonne administration financière avait tiré parti de nos immenses ressources, en faisant rentrer les impôts sans contrainte, sans accabler la propriété, sans gêner le commerce et l'industrie, sans ravir aux artisans une forte partie du fruit de leur travail, les Français, moins idiots que vous ne les jugez, s'écrieraient tous avec vous :

Notre situation financière n'a pas empiré ; et malgré nos charges générales et nos souffrances particulières, sa tendance vers l'amélioration s'est soutenue.

Nous ajouterions : « Hommages soient rendus à nos Ministres, qui, réunissant à une sollicitude éprouvée les talens, la prévoyance de l'homme d'état, nous conduisent vers le port, et nous font apercevoir le rivage au milieu de la tempête ! »

Mais, hélas ! il n'en est pas ainsi : ballottés par de trompeuses promesses, victimes de vos spécieuses cathégories, nous sommes entourés d'un nuage épais qui nous dérobe l'avenir; nous cherchons une ancre de salut, et dans vos constans efforts, nous trouvons une augmentation réelle de nos charges de plus de 160 millions sur le budget ordinaire permanent : augmentation que vous attribuez *à nos souffrances particulières.*

VI.

« *Le trésor royal n'a perdu sur ses tributs* » *que ceux pour lesquels la matière imposable*

» *a manqué. Le sentiment de la nécessité a*
» *tenu lieu de contrainte, pour entretenir au*
» *même degré le cours des sacrifices.* »

La matière imposable n'a pas manqué : vous aviez trouvé pour 1816 les tissus, les cartons, les savons, que les Députés ont rejetés *prudemment*, pour ne point accabler l'industrie et gêner son essor. Dites que les impôts ont manqué sur certaines matières *imposables et imposées*, je serai alors de votre avis.

Ces impôts ont manqué..... *L'impôt manquera* sur une matière imposable et imposée dans un Etat, toutes les fois que le ministère surchargera les contribuables, *sans profit pour le trésor*, en ne leur assurant point la rentrée de la contre-valeur de leurs tributs; toutes les fois que sa science se bornera *à imposer et percevoir*, à établir des garnisaires pour protéger la levée de l'impôt ; toutes les fois qu'il s'obstinera avec une opiniâtreté révoltante à ne point nourrir les sources des tributs. Une source qui ne reçoit pas de nouvelles eaux de la montagne du bien public, se tarit promptement ; c'est en vain que la finance veut puiser dans le réservoir.

Tout homme privé de ses moyens d'existence perd ses moyens d'impôt. Entretenez donc la source des impôts, si vous voulez sans cesse y puiser: voilà le pont aux ânes de l'administration.

Eh quoi! le sentiment de la nécessité a tenu lieu de contrainte! Dites, dites que pour une portion du peuple, *les contraintes* ont amené la *nécessité*..... de payer; je vous comprendrai.

Si nous ajoutons au produit brut foncier de la France les faibles profits que le commerce et l'industrie réalisent dans notre déplorable situation, nous acquerrons la certitude que le revenu national s'élève au moins à 5 milliards. Une nation peut, sans se trouver gênée, payer le *cinquième* de son revenu. Cependant vous évaluez les recettes possibles, et fixez les limites de l'impôt à 700 et quelques millions, lorsque beaucoup de contribuables payent le *quart* et le *tiers* de leur revenu. Tirez-vous parti de nos ressources? Réfléchissez.

VII.

« *Mais les sacrifices ont, dans la nature,*
» *des bornes, comme le courage qui s'y ré-*
» *sout.* »

Je suis impartial : vous avez raison ; je pense comme vous. Continuez.

« Ils n'ont pas suffi, tout extrêmes qu'ils » ont été, pour nous mettre au niveau de » nos obligations. Nous avons invoqué le » crédit, il a répondu à notre appel. »

Ils n'ont pas suffi ; il ne serait pas impossible de les rendre suffisans. Je viens de le démontrer.

Le credit, dites-vous, a répondu à votre appel. Votre prétendu crédit n'est qu'une loterie, où chaque capitaliste fait une mise ; il prend un billet, en courant la chance de la perte et du gain, dont l'agiotage est le régulateur.

Dites donc que *vous avez eu recours à une nouvelle loterie publique, et que l'agiotage a répondu pour elle à votre appel.*

Il est résulté de ce *moral crédit* qui vous présentait tant d'attraits, que des individus ont acheté à 55, et revendu à 60, 65 et 67 ; que d'autres, ayant acheté à 67, ont vendu à 63, en perdant 7 à 8 p. $\frac{0}{0}$. Nommez-vous cela un crédit ? Avez-vous tenu compte à ces *supposés* prêteurs à crédit, de leur perte ? Non, répondrez-vous, *parce qu'en prêtant*, ils ont couru une chance. Quand on prête, vous répliquerai-je, à un homme qui jouit d'un solide crédit, on ne doit courir aucunes chances.

Vous avez invoqué un crédit qui a répondu à votre appel. Comment ? vous avez appelé une charge réelle de 600 *millions* à 9 ou 10 p. $\frac{0}{0}$ sur l'Etat, et l'écho de ce singulier crédit a répondu par 311 *millions* : vous nommez cela un crédit !

Pour connaître les conditions essentielles qui constituent *le véritable crédit public*, ferai-je des raisonnemens renforcés par des sophismes ? Emettrai-je de faux principes ? Non, je me bornerai à vous rappeler que vous avez dit, *avec raison*, le 15 novembre 1816, en courant après ce superbe crédit :

« Ces expédiens, vous le savez, ne se
» trouvent pas dans les temps de *troubles et*
» *d'inquiétudes*; le crédit ne subsiste que
» dans un régime *de paix et d'union.* »

Vos reflexions sont très-justes. Je vous prie de vous représenter la France à son panorama, d'examiner sa situation. Lorsque vous aurez tout vu, tout entendu, tout examiné, en entrant dans les plus petits détails, je vous soumettrai cette question : *Avons-nous, pouvons-nous avoir un crédit public* VÉRITABLE ?

« Il fuit devant une législation mobile et » incertaine ; il ne s'attache qu'à ce qui est » invariable et sûr. »

Notre législation est-elle *immobile et certaine* ? Notre administration est-elle invariable et sûre ? *Avons-nous, pouvons-nous avoir un crédit réel ?*

« Il s'éloignerait de nous, si quelques voix » discordantes avec celle de l'opinion pu- » blique parlaient plus haut qu'elle ; si la » confiance qui entraîne le peuple vers le » gouvernement, était combattue par des » doutes que la vérité repousse, et que le » respect doit interdire. »

La voix du ministère, dans maintes occasions, dans maintes circonstances, ne parle-t-elle pas plus haut que celle de l'opinion publique, continuellement comprimée ?

Lorsque, sous un gouvernement représentatif, il existe un corps moral que l'on nomme *ministère*, responsable *sans responsabilité* légalement établie, qui, en échange du fardeau de la *future* responsabilité, a une part *présente* dans le Gouvernement ; lorsque le peuple honore et respecte le monarque, on doit distinguer naturellement le ministère qui représente le gouvernement, de son chef, le souverain dans lequel la confiance n'est pas douteuse. Mais la confiance qui entraîne la nation vers le corps du Gouvernement, peut être combattue par des doutes que la vérité ne repousse pas, que le respect ne doit pas interdire.

Si le corps moral est indestructible comme la constitution qui lui donna l'existence, il n'est point l'héritage des êtres physiques qui le composent.

Les Ministres sont les acteurs qui paraissent sur le théâtre des affaires publiques, pour y jouer les principaux rôles. Les citoyens, en payant leurs impôts qui fournissent le traitement des acteurs, ont le droit d'applaudir ou de siffler ceux qui, sortant de la coulisse, paraissent un moment sur la scène, se confondent ensuite avec les figurans, ou rentrent dans la foule des spectateurs.

Or, comme des voix discordantes parlent plus haut que l'opinion publique; comme la confiance n'entraîne pas le peuple vers le gouvernement du corps moral, insensible à ses souffrances, je dirai : avons-nous, pouvons nous avoir un crédit ?

« Le crédit s'approchera d'un gouver-

» nement stable, honoré, intimément uni » au Roi, qui en est l'ame et le guide. »

Le gouvernement du Roi est honoré. Si je doutais que le gouvernement fût stable, ce doute me serait interdit par le respect. Mais il m'est permis de douter que nous ayons un crédit, parce que vous avez dit : *le crédit s'approchera d'un gouvernement uni au Roi.*

Le gouvernement n'est point uni au Roi, parce que le corps moral prend une toute autre direction que celle que lui communique le Roi. Le Monarque compatit aux malheurs, aux souffrances de son peuple : le ministère paraît les ignorer ou les méconnaître, en ne faisant rien pour lui. Le Roi recommande l'union, il veut la paix, la concorde : le ministère divise, et ne réunit pas les partis; c'est donc avec raison que j'ai dit (1) :

« La chaîne de l'administration est rompue; il y manque des anneaux, et je conclus que, d'après son organisation actuelle, le Roi n'est pas le chef de l'Etat; les Ministres sont des automates; le *corps ministériel*, le point

(1) Dans ma *Médecine politique*, adressée aux Ministres du Roi le 11 février 1817.

d'appui d'Archimède; les magistrats, de petits despotes ; les citoyens, des battus qui payent l'amende ; le peuple, un troupeau de bêtes de sommes fouetté, surchargé et sans nourriture; les administrés, enfin, pourraient dire comme Thémistocle : *frappe, mais écoute.* On frappe, mais on n'écoute pas. »

Ministère, vous avez ajouté : « *Il s'accom-* » *modera* (le crédit) *d'une surveillance éclai-* » *rée, d'une censure* AUSTÈRE, *qui contienne* » *les Ministres dans leurs devoirs.* »

Je vous avoue franchement que les Ministres ne me paraissent point être aussi accommodans que le crédit; je ne les vois pas disposés à s'accommoder non-seulement d'une *censure austère*, mais même d'une censure *bénigne.*

Les écrivains et quelques Députés n'ont point eu jusqu'alors assez de *crédit* sur les Ministres, pour obtenir d'eux une loi sur la responsabilité du ministère; sans doute parce que les Ministres ont dans la Chambre des Députés un certain crédit qui amortit le crédit public.

Il n'est point permis aux journalistes de publier une censure bénigne des actes du ministère, même des actes des agens du pouvoir des dépositaires du pouvoir. Ces abus, que n'autorise aucune loi divine et humaine, dérivent d'un petit acte arbitraire qui inspire la méfiance. Les hommes les moins instruits n'ignorent pas que la méfiance éloigne la confiance qui seule fonde le crédit public.

Il est donc bien entendu que nous pourrions avoir un crédit, mais que nous n'en avons pas. O ministère ! *agimus tibi gratias.*

VIII.

« *L'agriculture, le commerce, ces sources* » *premières de toute prospérité, résistent au* » *découragement, par des efforts* QUI NE SERONT » PAS INFRUCTUEUX. *L'industrie lutte contre les* » *événemens qui la froissent, et se manifeste* » *encore par des productions qui ne démen-* » *tent pas ses progrès.* »

Je m'attendais à voir la représentation de la reprise de ces phrases banales, devenues pour nous une rente payée chaque année très-exactement. Nous ne sommes plus disposés à avaler ces pilules; les Français ne sont pas des idiots que l'on peut endormir avec des paroles ronflantes et du verbiage ministériel.

Vous prétendez que l'agriculture et le commerce résistent au découragement, par des efforts qui ne seront pas infructueux. Ce découragement provient de ce que vous ne leur donnez aucun encouragement.

Les droits de douanes furent augmentés, malgré les plaintes des commerçans, dont les efforts, pour soutenir le commerce, *deviendront infructueux.*

Ce découragement est le résultat de vos systêmes confus, de votre obstination à ne trouver bien fait que ce que vous faites. De toutes parts les cris du peuple se font entendre, non contre le Monarque, mais contre ses présomptueux Ministres.

Si l'on vous dit que nous sommes malheureux, qu'un grand nombre de Français meurent de faim, que les sources de la richesse et de la prospérité se tarissent, que les divisions s'accroissent ; si l'on vous en demande la raison, vous la donnez en prononçant ces mots : *événemens, circonstances.* Vous ne faites aucuns efforts pour diminuer la rigueur du temps, rendre notre situation plus tolérable et nos charges moins pesantes. Nous demandons des faits, et vous répondez par des mots. Devons-nous être contens de vous ?

IX.

» *Les arts même, ce luxe de la civilisation*
» *heureuse, ont jeté un éclat consolant sur*
» *cette époque de calamités.* »

Les progrès des arts ne consolent point un peuple malheureux des souffrances qu'il endure; l'éclat des arts n'exerce aucune influence sur la prospérité publique : mais la prospérité ajoute à leur éclat, en leur procurant d'utiles encouragemens, qu'ils n'obtiennent point dans un temps de calamités.

Un peintre habile, avec quelques pinceaux et de bonnes couleurs, peut, dans un modeste réduit, tracer les plus beaux faits qu'immortalise l'impartiale histoire : ses talens, ses succès n'offrent aucune consolation.

L'ami de l'humanité ne s'écrie point : toutes les classes du peuple sont ou dans la gêne ou dans la misère; mais nous pouvons nous en consoler, en voyant nos peintres faire de bons tableaux, nos musiciens composer de belle musique, nos artistes fabriquer de jolies montres, créer d'ingénieuses mécaniques, qui ne trouveront plus d'acheteurs, si les fortunes décroissent progressivement.

Quand des Ministres raisonnent ainsi sur les grands intérêts nationaux, il est permis d'affirmer qu'au milieu du délire d'une imagination exaltée par la jouissance des grandeurs, ils ne voient qu'en peinture l'union des citoyens, la paix et le bonheur des peuples.

X.

« *Des consolations plus touchantes ont pénétré dans les asyles de la misère.*

» *Les bienfaits de la charité, encouragés » par d'augustes exemples, sont venus grossir » les secours affectés par le Gouvernement au » soulagement des pauvres.* »

Ces consolations, j'en conviens, sont plus touchantes pour l'indigent. Quand il aperçoit la main qui vient lui apporter le pain de ses enfans, il éprouve plus de satisfaction que s'il voyait la main d'un artiste tracer un superbe tableau, ou fabriquer de beaux tapis, de belles porcelaines; mais il ne reçoit point la consolation de pouvoir compter sur la continuité de ces secours exigés par la continuité de ses besoins, de ses privations: situation qui n'est pour lui rien moins que consolante.

Je le sais, et nous le savons tous, vous attribuez la misère à la disette supposée ou réelle, et la disette à l'intempérie.

Si la disette est la cause de la misère, comme en supprimant la cause on supprime l'effet, en obviant à la disette, vous eussiez évité la misère.

M'objecterez-vous que la chose était impossible ? Je vous répondrai : suivez de point en point mes raisonnemens, et vous serez convaincus que la misère ne provient point de l'intempérie, mais de votre imprévoyance, de votre insouciance et de vos faux systêmes.

Le 15 novembre 1816, vous nous disiez très-positivement : « Nous maintenons la » contribution foncière sur le même pied » qu'en 1816 ; nous savons combien elle de- » vrait être ménagée, *surtout après une an-* » *née d'intempérie fatale à tant de contrées.* »

En présentant le budget de 1817, vous n'ignoriez donc pas que *l'intempérie avait été fatale à tant de contrées*..... Qu'avez-vous fait pour éviter les effets de cette intempérie, à laquelle vous attribuez la misère, par conséquent, pour éviter la misère ? Ne deviez-vous pas vous concerter avec les Chambres pour assurer d'avance la subsistance du peuple qui devait éprouver une misère prochaine? Quelles mesures votre sollicitude a-t-elle proposées?

N'était-il pas de votre devoir de demander aux deux Chambres une somme supplémentaire d'impôts pour assurer cette subsistance?

Vous nous dites cependant : « Outre les » augmentations de dépenses que nous ve- » nons d'indiquer, le trésor a dû venir au » secours des départemens où la disette des » vivres s'est le plus vivement fait sentir ; *ses* » *avances se sont élevées à 56 millions......* On » ne doit pas s'attendre que les prix aux- » quels les vivres auront été cédés aux con- » sommateurs, couvrent celui des achats; *il* » *y aura sans doute une* DIFFÉRENCE CONSIDÉ- » RABLE : nous pensons qu'il convient d'at- » tendre qu'elle soit définitivement connue, » pour vous proposer une mesure qui la » régularise. »

De l'intempérie, résultait nécessairement ou disette ou cherté. Or, je pose en principe que la cherté des graminées est l'équivalent d'une véritable disette pour le bas peuple.

Disette signifie *manque* ; mais de la cherté, dérive le *manque*, la *privation* pour l'homme à salaire, dès lors que son modique salaire le prive des moyens de se procurer le nécessaire, même au milieu de l'abondance.

Si un ouvrier qui reçoit un salaire de 20 sous, consomme avec sa femme et ses quatre enfans six livres de pain chaque jour, il se procurera le nécessaire en le payant à raison de trois sous la livre ; son débours sera de 18 sous : mais si le pain se vend 10 sous, il ne pourra, avec ce même salaire, se procurer que deux livres de pain; quantité insuffisante à l'existence de sa famille. En pareil cas, la cherté lui présente les mêmes résultats que la disette.

Puisque la disette ou la cherté étaient prévues comme devant être les conséquences inévitables de l'intempérie ; puisque l'intempérie était connue EN AOÛT, pourquoi n'avez-vous pas pris dès cette époque les mesures indispensables pour faire venir des grains, afin d'éviter la disette, ou pour opérer la baisse du prix des céréales, en établissant de la concurrence sur les marchés par cette précaution?

Les blés ou les farines seraient arrivés au moment où les provisions de l'année précédente commençaient à s'épuiser ; ces arrivages auraient remplacé ces provisions,

sions, en fournissant un supplément d'approvisionnemens, qui, suppléant au *manque*, c'est-à-dire à la différence qui existait entre les produits de la mauvaise moisson et les besoins nationaux, eussent assuré le service des besoins de l'année 1817 (1).

Les fonds vous manquaient-ils? Serait-il raisonnable de penser que les deux Chambres, ayant devant les yeux la situation de l'État, prenant pour guide cette maxime si connue, *salus populi suprema lex esto*, eussent refusé de mettre à votre disposition des secours aussi urgens, qui auraient reçu une destination aussi sacrée, dans l'intérêt de tous, *pour le salut du peuple ?*

Vous eussiez fait à cette époque, avec l'appui des Chambres, et d'une manière beaucoup plus avantageuse, plus expéditive et plus légale, *ce que vous avez été forcés de faire plus tard, pressés par la nécessité....*

En janvier et février, les provisions eussent été assurées; car on sait que dans les

(1) Je suppose ici que la récolte n'a point fourni le nécessaire, et que ses produits ont été insuffisans ; *ce qui n'est pas bien prouvé.*

pays méridionaux la récolte est plus précoce que sous nos climats.

Les arrivages tardifs, n'étant point venus en temps opportun, ont grossi les produits de la nouvelle récolte. Il nous restait naguères, il nous reste peut-être encore des blés et des farines de l'année dernière.

Peut-on dire que la disette a occasionné les révoltes dont furent témoins les marchés ? Ces marchés étaient garnis. Or, *l'abondance* des grains et des farines, dans ces contrées, ne constituait pas une disette.

Quel reproche adresser à ce bon peuple français, à sa nouvelle génération ? Sa morale publique n'est-elle pas singulièrement améliorée ? Il s'est résigné jusqu'à la dernière extrémité : il a payé le pain à haut prix. On sait qu'avant la révolution les villes furent souvent les théâtres des émeutes populaires, lorsque le pain augmentait uniquement, non pas de quelques sous, mais *de quelques deniers*.

Qu'est-il résulté de votre mauvaise administration, de votre insouciance, de votre imprévoyance, signes caractéristiques des médiocres administrateurs ?

Les hommes aisés se sont procuré du pain

à un prix très-élevé. Un certain nombre d'entr'eux a fait entendre des murmures contre le gouvernement, et des propos séditieux contre le Monarque lui-même, qui vous avait confié ses intérêts et celui de son peuple ; des attroupemens se sont formés sur divers points de la France : des hommes à salaire, privés de moyens d'existence, par la restriction qu'ont apportée dans les dépenses des riches de semblables circonstances, ont attendu les secours de la bienfaisance. Ces secours n'étant point en rapport avec le renouvellement des besoins, on a vu des séditions fomentées à la fois et par la malveillance qui recevait de nouvelles armes des circonstances elles-mêmes, et par la cherté, l'équivalent de la disette.

Alors des infortunés, innocentes victimes de l'imprévoyance et de l'incapacité. . . . Ici ma plume s'arrête ; elle refuse de retracer de trop douloureux souvenirs, qui feraient gémir de nouveau les amis de l'humanité.

Maintenant cette fameuse, cette trop fameuse intempérie ne peut voiler vos erreurs. Le peuple avait supporté avec résignation ses souffrances ; il avait été le témoin oculaire de la chute des eaux pluviales ; il croyait aux leurres ministériels, en attribuant la misère à l'intempérie.

Une récolte abondante fit renaître dans tous les cœurs une espérance qui bientôt fut remplacée par le sentiment de la plus profonde affliction. Lorsqu'au milieu de l'abondance, l'intempérie disparut, le peuple resta avec sa misère. L'homme le moins clairvoyant, s'adressant aux Ministres, leur dit : Réalisez vos promesses; sommes-nous ce que nous devrions être ? Vous êtes ce que vous ne devez pas être ; vous paraissez sourds *au cri des contribuables, au cri des indigens, au cri de la nation.*

XI.

« *L'indigence a eu ses tributaires, comme*
» *le Trésor et la France a offert le spectacle*
» *d'un peuple dont une partie secourait*
» *l'autre, sans rien ôter à l'État de l'assis-*
» *tance qu'il réclamait tout entière, pour*
» *ne pas fléchir sous le fardeau d'un service*
» *aggravé par le malheur du temps.* »

Les bienfaits de la charité font plus d'honneur à la nation qu'au ministère : ces bienfaits ont suppléé à son incapacité. Le Français qui possédait quelqu'aisance, a secouru son frère malheureux, en attendant que celui-ci trouvât ses moyens naturels d'existence dans le travail que l'indigent attend si impatiemment de la sollicitude que devraient manifester évidemment les Ministres.

Si l'indigence a eu ses tributaires comme le Trésor, les événemens et les circonstances ont donc deux fois rançonné une classe de contribuables. Ces doubles contributions sont-elles le résultat d'une bonne administration ?

Quiconque sait l'A B C D de la politique, n'ignore pas que lorsqu'une partie des citoyens se trouve dans l'urgente nécessité de secourir l'autre partie, la nation marche vers sa ruine. Ces secours sont autant de capitaux enlevés à la production, fournis à des non-producteurs.

Toute nation purement agricole, sans industrie, serait tributaire des autres nations. Si la population est composée de propriétaires, de cultivateurs et d'ouvriers; si le nombre des ouvriers excède celui nécessaire aux travaux de la culture, une partie de la population, privée de moyens d'existence, sera à la charge des propriétaires et des cultivateurs ; elle consommera une portion quelconque des produits surabondans, sans contribuer et sans coopérer à la production. Si, au contraire, ce nombre d'indigens est employé à la mise en œuvre des produits de l'agriculture ou des matières acquises par l'échange, il en résultera que non-seulement une plus grande quantité de denrées sera consommée par ces ouvriers devenus utiles, qui échangeront leurs salaires contre les objets nécessaires à leur existence, mais encore leur travail donnera au produit fabriqué une valeur égale à celle de leur consommation, pendant le temps employé à la confection de l'ouvrage.

Les objets manufacturés antérieurement remplaceront les objets manufacturés étrangers ; il en résultera que le travail et l'industrie feront naître une double ou triple valeur, composée du prix des salaires et des profits des manufacturiers.

Notre situation n'est point améliorée ; notre misère est ce qu'elle était en 1817. Par conséquent, la nation *offrira encore le spectacle d'un peuple dont une partie secourra l'autre* en 1818. Quelle consolation pour l'avenir ! Est-il raisonnable de penser que cet état de choses cessera promptement ?

Si le ministère abandonnait le chemin que lui trace son aveugle et impitoyable routine, il jetterait un coup d'œil de commisération sur l'agriculture, le commerce et l'industrie, qui sont les sources de toute prospérité. Alors cette partie du peuple secourue deviendrait *producteur* ; elle contribuerait aux charges publiques, en trouvant dans des moyens réels d'existence des moyens d'impôt.

Il est à remarquer que, dans beaucoup de départemens, les objets de consommation n'ont point manqué. Une portion du peuple a été privée des moyens de consommer. Si cette classe d'individus avait possédé ces moyens, des secours pécuniaires devenaient inutiles ; les subsistances qu'on lui a fournies étaient près d'elle : on a donc donné à ces individus des subsistances qu'ils ne pouvaient se procurer eux-mêmes, comme nous le prouve la situation des indigens, qui ont reçu de la bienfaisance des aumônes en nature, et non des aumônes pécuniaires.

Si les indigens avaient eu à leur disposition des moyens de consommation, ou s'ils avaient reçu en argent la valeur des aumônes fournies en nature, ils auraient obtenu avec cet argent ces mêmes aumônes distribuées en nature.

XII.

« *Tant de dévouement atteste l'ascendant* » *d'un Gouvernement conciliateur, qui, ayant* » *la légitimité pour base, et la Charte pour* » *règle, ne sait inspirer que des actions gé-* » *néreuses.* »

Ces actions généreuses ne sont dues qu'au caractère noble et généreux de la nation française, qui, couverte de lauriers, a su, au sein de la paix, se concilier l'estime, la confiance et l'admiration des autres peuples.

Nos constitutions, depuis 25 années, consacraient, ainsi que la Charte, nos droits et nos libertés. La nation n'a jamais joui des bienfaits de ces constitutions; les Ministres nous privent des bienfaits de la Charte, sans cesse paralysée par des lois d'exception.

Des lois fondamentales qui ne sont point exécutées, ne peuvent exercer aucune influence sur le caractère des peuples. La nation a un caractère qui lui est propre, et qui la distingue des autres nations, de l'aveu même de nos rivaux.

Les Français savent faire des sacrifices. En conservant l'espoir d'en recevoir la contre-valeur ; en se livrant à des actes de bienfaisance, ils acquièrent en échange la satisfaction d'avoir fait des actions pieuses et méritoires.

XIII.

« *Il ramène sensiblement à un centre d'u-*
» *nité les opinions divergentes, comme un fa-*
» *nal rallie à la lumière les navigateurs éga-*
» *rés.* »

Je suis bien loin de contester les avantages offerts par un Gouvernement basé sur la légitimité. La légitimité et les bonnes institutions sont autant de fanaux pour les nautonniers qui naviguent sur la mer orageuse des révolutions.

Si le fanal est hors de la vue des navigateurs, si un nuage ministériel ou de faux signaux lui dérobent cette lumière, pensez-vous que, quelle que soit la clarté qui brille sur le fanal, les navigateurs ne puissent pas le perdre de vue quelquefois, si les matelots du vaisseau de l'Etat dédaignent de se servir de bonnes lunettes? Ne voyez-vous pas que les feux trompeurs que vous placez çà et là, attirent les navigateurs sur divers points? Ne dérobez donc pas la lumière du fanal; changez votre boussole et vos cartes marines, pour nous conduire au port.

XIV.

« *Les progrès de cette union sont pour les* » *finances autant de progrès de restauration.* »

Vous avez établi un faux principe, et par conséquent vous en tirez naturellement une fausse conséquence.

Si nous devons trouver l'assurance des progrès de la restauration des finances dans les progrès de l'union, bon Dieu! quelle perspective nous faites-vous entrevoir! Nous en conclurons que l'état des finances n'est nullement rassurant.

XV.

« *L'état des finances est le thermomètre de* » *l'état politique.* »

Ce principe est vrai. Sully, qui s'y connaissait, a dit, il y a plus de deux cents ans:

« L'administration des finances est le point » le plus essentiel et le plus intéressant du » gouvernement; c'est par le moyen des » finances que l'on fait tout; c'est de là que dé- » pend le soulagement ou l'accablement des » peuples ; c'est de là que dérivent les bons » ou mauvais succès des desseins et des en- » treprises ; c'est ce qui cause la ruine ou la » grandeur des empires. »

Quelle conséquence devons-nous déduire de cette maxime, en l'appliquant à notre situation? A quel degré de chaleur l'alkool monte-t-il dans le tube de notre thermomètre?

Toutes les classes de citoyens, gens d'esprit ou sans esprit, résolveront facilement cette question. C'est en vain que l'on essaierait de les éblouir sur leur position, et de leur faire prendre le change sur des propositions qui touchent de si près leurs plus chers intérêts, leurs plus chères affections.

En regardant d'un œil le passé, nous apercevons de l'autre œil un cruel avenir. Hâtons-nous d'employer des moyens plus effectifs que ceux employés jusqu'à ce jour, afin que l'état de nos finances soit le précurseur d'un bon état politique.

Toutes les fois que les Ministres distribueront avec profusion aux administrés des subtilités, des paradoxes, en s'égarant dans le dédale des aberrations et des vaines cathégories, la chaleur se tempérera sensiblement ; on verra le thermomètre descendre subitement à *zéro.*

XVI.

« *On en faisait autrefois un mystère ; cette*
» *discrétion n'est pas compatible avec le sys-*
» *tême représentatif, dont l'énergie se fonde*
» *sur la franchise des communications entre*
» *le Prince et ses sujets.* »

Le Prince fait à ses sujets ces communications par l'intermédiaire de ses Ministres. Comme il ne peut vérifier, examiner les immenses calculs dont le compte de finances est surchargé, il s'en rapporte à ses mandataires, en faisant peser sur leur responsabilité la justification, l'inexactitude des comptes soumis à l'examen des fondés de pouvoirs des contribuables.

Les recettes, évaluées d'abord à 800 millions pour 1816, se sont élevées à 893,400,000 fr.; les besoins, à 899,550,000 fr. Cette différence dans l'évaluation provient donc d'un mystère ou de l'imprévoyance.

Ces surcharges ne satisfont pas les contribuables. Ces inexactitudes font naître de la méfiance à l'égard des comptes rendus à chaque présentation de budget. Lors de la fixation faite par les Chambres, chacun se demande si le budget de l'année courante ne sera point enflé.

En effet, la première fixation du budget de 1817 fut arrêtée par la Chambre des Députés, et portée à 1,069 millions : cependant les dépenses se sont élevées à 1,098,500,000 f.

Depuis deux ans, la fixation de l'arriéré était inconnue, même approximativement ; vous l'évaluez enfin à 400 millions.

Quel dévouement peut-on attendre des contribuables, lorsqu'ils ignorent l'étendue de leurs sacrifices, et l'importance de leur dette? La dette publique exigible, c'est-à-dire la dette flottante, n'est-elle pas remboursable par les tributaires de l'Etat?

XVII.

« *Les finances sont, dans ce système, le pro-*
» *duit d'une grande cotisation, dont le Gou-*
» *vernement est le régisseur.*

» *Il doit un compte public de sa régie ;*
» *c'est ce compte que nous mettons sous vos*
» *yeux.* »

Puisque les finances sont le produit d'une grande cotisation, les gouvernemens représentatifs doivent s'empresser de faire connaître aux contribuables l'emploi de leur quote-part.

Il ne suffit pas que le compte des finances soit présenté aux Députés, il est encore essentiel que les citoyens y comprennent quelque chose.

Comment débrouiller des comptes de finances renfermés dans un gros volume in-4°. de plusieurs centaines de pages, comprenant des milliers de chiffres? L'analyse présentée par les journaux est très-insignifiante. Ce compte devrait être tellement clair, que les contribuables pussent connaître l'emploi de leurs fonds, sans contention d'esprit.

Le peuple pense qu'il paye plus que de raison. Il ne suffit pas de mettre sous ses yeux la somme totale des dépenses et celle des recettes : dans cette évaluation, il peut se glisser un grand nombre d'abus, que les contribuables ne sont point à portée de reconnaître.

Lorsque le Gouvernement demanda un emprunt forcé de 100 millions, les préfets et les maires reçurent l'ordre d'imposer : ils imposèrent arbitrairement. La somme totale fut répartie sur les départemens.

Chaque contribuable déboursa sa taxe; mais il lui fut impossible de s'assurer si la réunion des sommes collectives de chaque département ne fournissait point une contribution de 200 à 300 millions; aucun compte détaillé de cette levée de fonds ne fut rendu. Il en est de même des charges publiques levées annuellement sur le peuple.

On prétend cependant que nos comptes de finances *sont très-clairs*, et que l'on n'en fait plus un mystère. Je ne vois rien de plus apocryphe que ces chiffres agglomérés.

Sous une bonne administration financière, avec un bon sytême de finances, le tableau des recettes et des dépenses d'un Etat est renfermé dans quelques pages in-4°.

Il existe dans chaque sous-préfecture un receveur pour les impôts directs et indirects, et deux receveurs principaux dans chaque chef-lieu de département.

Pour satisfaire les imposés, et faciliter la

rentrée de l'impôt, il serait à désirer que l'on dressât par arrondissement un tableau des recettes directes, et un autre tableau des recettes indirectes, réunies en sommes collectives, par colonnes pour chaque département. Il suffirait de faire figurer sur un tableau général, divisé en deux colonnes, la somme collective des recettes directes, celle des recettes indirectes fournies partiellement par les départemens.

En acquérant l'intime conviction que leurs fonds sont bien employés, les citoyens payeraient sans murmurer. Mais pour parvenir au but désiré, il est nécessaire que dans les chefs-lieux d'arrondissement on affiche, à la fin de chaque année, le tableau des recettes par commune; que le rôle du percépteur soit vérifié par le maire, assisté de deux notables nommés par les habitans; que l'identité de la somme qui figure sur le rôle, avec celle qui concourt à former le tableau des recettes de l'arrondissement, soit constatée pour les impôts directs et indirects. De pareilles mesures donneraient de fortes garanties aux contribuables, qui payeraient, j'ose l'affirmer, avec résignation. C'est alors que l'on pourrait dire avec raison : *Les comptes de finances sont clairs, précis; on n'en fait plus un mystère.*

XVIII.

« *Si, dans l'année calamiteuse que nous*
» *avons traversée, après deux années suc-*
» *cessives d'invasion, le cours des perceptions*
» *s'est soutenu, malgré leur gravité, comme*
» *dans un temps d'aisance, hommage en soit*
» *rendu à ce beau caractère français, qui*
» *ne connaît pas plus d'obstacle pour soutenir*
» *son honneur par des sacrifices, que pour le*
» *signaler par des exploits.* »

Nul Français, j'ose le dire, n'aime plus que moi sa patrie; je l'ai prouvé, je le prouverai dans cet ouvrage.

Si les Français avaient une connaissance plus exacte et plus intime de leurs tributs, de leurs cotisations, le Gouvernement les trouverait toujours prêts à ajouter à leurs sacrifices; mais le peu de clarté qui règne dans les comptes de finances, dans l'évaluation des arriérés, des dépenses, des besoins, les rend circonspects, refroidit leur ardeur, et glace leur zèle.

L'amour de la patrie est le puissant véhicule qui porte les citoyens à sacrifier leu vie, leur fortune pour le salut public. L Gouvernement représentatif est le fruit d l'heureuse alliance de la nation et de la mo narchie : un pareil Gouvernement ne peu se soutenir que lorsqu'il a pour soutien l'amour de la patrie.

L'amour de la patrie en Grèce fut l'idole,
Qui reçut des Romains l'encens au Capitole.

XIX.

« *C'est le développement de ce caractère,*
» *fortifié par votre impulsion, qui a donne*
» *aux premiers capitalistes de l'Europe la*
» *confiance de lier leurs opérations à celles*
» *de l'État, et d'assurer au Trésor, en six*
» *mois, une ressource de plus de* 300 *millions*
» *contre les effets de notre dette.* »

La Chambre des Députés de 1816 n'a donné aucune impulsion au développement du caractère français. La nation a improuvé les opérations de cette session ; elle ne s'est point vue, sans douleur, privée de ses droits, et condamnée à supporter une perte de 54 p. % sur la négociation des 30 millions de rentes, représentant un capital de 600 millions empruntés à 9 ou 10 p. $\frac{0}{0}$ d'intérêts. L'adoption des lois éternelles d'exception suffirait seule pour dénaturer ce beau caractère français, bien loin de le développer. La nation française, je le répète, a un caractère qui lui est propre, et qui la distingue des autres nations.

Les capitaux de l'Europe étaient inactifs à l'époque où se fit le soi-disant emprunt; ils le sont encore aujourd'hui, par l'effet de la stagnation du commerce et du décroissement des relations entre les peuples, résultat de la fausse politique des cabinets européens.

Au milieu de nos catastrophes, nos effets publics se sont soutenus de 55 à 52; ils sont tombés au-dessous de 50 dans les temps les plus critiques, et se sont relevés progressivement au-delà de 52.

Les capitalistes ne trouvant plus l'occasion d'utiliser leurs fonds dans des entreprises lucratives, ou dans des opérations mercantiles, ont placé sur nos effets publics. En achetant à 52, 50, ils achetaient à un cours très-bas, puisque les fonds publics français s'étaient toujours maintenus régulièrement au-dessus de ce cours en temps calme et ordinaire. Ils couraient peu de chances défavorables, et beaucoup de chances favorables, en recevant un intérêt usuraire.

L'inaction des capitaux, les *soins* du Gouvernement, l'agiotage, sont les véritables causes qui ont soutenu les effets publics, et les ont fait flotter entre 60 et 67. Ces effets ont été plus recherchés, les capitalistes éprouvant le besoin de placer.

En thèse générale, toutes les fois que des valeurs de banque ou des marchandises sont recherchées sur une bourse, il en résulte une hausse, dont la progression est en raison directe de l'accroissement ou de la constance des demandes.

Il serait dérisoire de prétendre que l'élévation du taux des effets publics, ou son maintien, dérive toujours de la confiance. Une bonne administration des finances, le nivellement annuel des recettes et des dépenses, la prospérité de l'Etat, l'aisance et l'union des citoyens, qui facilitent singulièrement le recouvrement de l'impôt, marquent les degrés du thermomètre qui indiquent la mesure de la confiance. Notre thermomètre est-il bien gradué ?

Si les capitalistes étrangers trouvaient chez eux l'emploi de leurs capitaux, ils s'empresseraient de réaliser leurs valeurs. Naguères ils étaient demandeurs, aujourd'hui ils seraient vendeurs : les offres feraient incliner vers la baisse.

Je conclus donc que la confiance n'est que factice ; qu'elle ne se trouve point établie sur des bases solides ; qu'elle provient des circonstances et de l'intermittence des opérations commerciales; qu'il n'existe point en France un crédit public, à l'établissement duquel s'opposent les diverses causes que j'ai déjà indiquées.

XX.

« *Forcés de demander en impôt foncier,*
» *pour* 1818, *la même somme que pour* 1817,
» *nous la rappellerons ici pour* 259 *millions.*

« *Les patentes, les portes et fenêtres, la*
» *contribution personnelle et mobilière ne*
» *peuvent, pas plus que l'impôt foncier, éprou-*
» *ver de diminution pour l'année prochaine.* »

L'extrême inégalité dans la répartition de l'impôt foncier est reconnue ; elle a été signalée aux tribunes, dans les écrits, dans les procès-verbaux des conseils-généraux.

Qu'a-t-on fait pour dégrever les réclamans,

pour alléger leur fardeau suivant les règles de la justice distributive? Des mesures temporaires ont-elles été prises, *même essayées*, en attendant la confection du cadastre, qui ne sera pas achevé dans dix ans?

Plus les propriétaires seront gênés, plus on enlevera aux travailleurs les moyens de production, en restreignant la consommation; cette restriction dans les dépenses prolongera le malaise général.

Il en est de même des autres impôts directs pour 1817; ils ont été maintenus d'après l'évaluation de 1816 : cependant beaucoup de contribuables ont reçu des avertissemens qui prélevaient sur ces contributions une imposition d'un quart et d'un cinquième.

Les imposés ont vainement réclamé : leur dévouement ne les a point engagés à débourser des sommes dont ils ignoraient l'emploi *légal*. Est-ce dans un tel état de choses que l'on peut compter sur l'appui de l'esprit public, pour nous faire supporter le poids énorme de nos calamités?

XXI.

« *Les douanes, évaluées* 75 *millions en* 1817,
» *en promettent* 83; *cependant nous les comp-*

» *tons dans le budget de* 1818 *pour* 80 *mil-*
» *lions.* »

Les douanes ne produisirent en 1815 que 20 millions; les droits, augmentés sur le budget de 1816, élevèrent leur produit probable à 40.

Les Chambres de commerce réclament contre l'exécution de notre système de douane : ne fera-t-on aucune attention aux plaintes du commerce ?

Remarquez que l'état de gêne auquel se trouve réduite une grande partie de la nation, par l'application de tant de faux systêmes, et que les aumônes fournies par les riches, restreindront tellement la consommation, que l'activité commerciale décroîtra très-sensiblement.

L'esprit inquiet de la classe des négocians qui se livrent au commerce d'outre-mer, le peu d'avantage que présentent les rapports coloniaux et les relations étrangères, exerceront encore une influence funeste sur la prospérité commerciale.

D'après ces puissantes considérations, peut-on assurer que la perception des droits de douanes ne subira pas un déficit important en 1818 ?

XXII.

« *Les contributions indirectes, dont on at-*
» *tendait* 120 *millions en* 1817, *n'en produi-*
» *ront que* 105. *Néanmoins les récoltes ayant*
» *été* MOINS FACHEUSES, *et l'impôt sur les huiles,*
» *qui n'a eu en* 1817 *que* 8 *mois de durée,*
» *devant embrasser l'année entière de* 1818,
» *et prendre plus de développemens*, NOUS
» CROYONS POUVOIR ESPÉRER *que les contribu-*
» *tions indirectes rapporteront* 120 *mil-*
» *lions.* »

Les récoltes n'ont point été *moins fâcheuses*, mais ABONDANTES. Pourquoi cette réticence? Le Ministre a-t-il l'intention de nous dire encore à la fin de 1818 : Il existe un déficit important sur l'évaluation des impôts indirects; mais les récoltes, *quoique moins fâcheuses* que celles de l'année précédente, n'ont pas permis? etc.

Personne ne serait pris à ce piége. Les raisons en sont plausibles. La misère qui a occasionné un déficit de 15 millions en 1817, est toujours la même; la pénurie des travaux, l'inactivité du commerce et de l'industrie, rendront non-producteurs les anciens producteurs; moins de salaires seront distribués aux travailleurs; et s'il y eut un déficit en 1817, les recettes indirectes ne s'éleveront pas en 1818 à 100 millions. Le temps et l'expérience nous apprendront lequel du ministère ou de moi a raisonné le plus conséquemment.

Le compte des finances offrira chaque année des déficits, parce que le ministère dédaigne d'appliquer le grand principe *du nivellement des recettes et des dépenses*. Pour couvrir des dépenses certaines, il compte sur des recettes provenant de sources incertaines : il paraît ignorer que deux et deux ne font pas quatre en finances, et que l'accumulation des déficits forme seule les dettes publiques.

Les produits des contributions indirectes, évalués primitivement pour 1816 à 105 millions, réduits dans les derniers calculs du dernier budget à 90 millions, se sont définitivement élevés à 93,400,000. Cette contribution est évaluée, année commune, à 120 millions. Les rentrées, *au* 1er. *juillet dernier*, ne s'élevaient encore qu'à 43 millions 700 mille fr. Les recettes seront-elles plus importantes pour les six derniers mois ? J'en doute. Cependant le ministère compte par *approximation* sur 105 millions. Calculées sur le pied des six premiers mois, les recettes ne rapporteront au Trésor que 87 à 88 millions. Déficit sur l'évaluation primitive, 32 millions.

Cet impôt, qui fait gémir le peuple, répand sur une classe nombreuse de citoyens une profusion de vexations et d'iniquités. Les produits de cette gigantesque administration ne sont, chaque année, qu'approximés, et comptés par des *environ* et des *à peu près*. Les frais de recouvrement s'élèvent à près de 25 millions, somme à laquelle il faut ajouter les *écoulemens*, qui fuient par des canaux qui ne communiquent point avec le Trésor (1). Le peuple paye près de 25 millions pour le recouvrement d'une contribution dont les rentrées sont incertaines. Les frais de perception composent plus que le quart du produit net. Ces impôts entrent pour *un huitième* dans le montant des recettes générales, et les frais de perception

---

(1) En 1816, on avait évalué les frais de perception à 26 millions. *On a dit* que les économies les réduiraient à 20.

forment *le quart* des frais généraux, évalués *à environ* 100 millions par le ministère.

Si cette somme approximative de 25 millions était répartie sur 5 millions de contribuables, cette répartition n'exigerait de chacun d'eux qu'une contribution de 25 fr., terme moyen.

Si l'on fait abstraction des tabacs, qui sont une bonne matière imposable, l'impôt sur les objets de première nécessité, sels, boissons, etc., ne produira que 60 à 65 millions. Cette somme sera moindre, si les six derniers mois fournissent un produit égal à celui des six premiers.

Or, 65 millions environ répartis sur 5 millions de contribuables, ne demanderaient qu'une contribution personnelle de 13 fr., taux moyen.

On sait que les impôts indirects augmentent de près d'un cinquième la dépense particulière des citoyens. La suppression de ces droits entraînerait une diminution de dépense bien plus importante que la somme de 13 fr. Tel qui possède un revenu de 1,500 fr., soit en biens-fonds ou en industrie, et qui trouve sur ce revenu ses moyens d'existence, éprouverait infailliblement une diminution de plus de 200 fr.

Le système des impôts indirects est tellement vicieux et vexatoire, que les avantages qu'il procure, et les recettes qu'il fournit, ne compensent pas même *approximativement* les graves inconvéniens que présente son exécution, en portant atteinte à la sécurité publique, aux droits des citoyens.

Il est donc urgent de modifier ce systême; il vaudrait mieux le supprimer entièrement. Ne peut-on pas affecter une somme de 12 à 15 millions, destinée à fournir une retraite aux employés pendant 1818, la continuer en 1819, et répartir cette somme de 75 à 80 millions sur les contribuables, qui trouveraient encore, ainsi que je l'ai remarqué, une diminution dans leur dépense, augmentée par la perception de ces impôts?

XXIII.

« *Des économies ont été faites partout où*
» *elles ont été possibles. Le Gouvernement*
» *n'a pas hésité sur les plus douloureuses,*
» *lorsqu'il les a jugées utiles; d'autres auront*
» *successivement lieu par la diminution des*

» *dépenses temporaires, et à mesure que se*
» *termineront les anciennes affaires, suites*
» *inévitables d'une guerre universelle et d'une*
» *administration colossale.* »

Des économies furent recommandées au ministère, par les Chambres, en 1815. On supprima de simples employés, et sur le budget de 1817, *les dépenses de chaque ministère furent néanmoins augmentées*. En 1816, même recommandation. La dépense des ministères est encore enflée de plus de 10 millions sur le budget de 1818. Quelles économies !....

Nous étions chargés en 1816 d'une dépense de 545 millions environ, somme portée sur le budget ordinaire. La contribution extraordinaire s'élevait à 700 millions. Les débours exigibles pour couvrir la dépense ordinaire, et payer les alliés, étaient donc de 1,245 millions. Nous avons payé en 1817 la somme de 1,100 millions, qui, ajoutés à près de 100 millions déboursés en aumônes (1), ont composé une sortie de fonds

(1) Le tableau présenté au Roi par le Ministre de l'intérieur, porte à 26,516,000 fr. la masse de fonds affectés au soulagement des indigens.

Le Ministre ne comprend point dans ce tableau

de plus de 1,200 millions, indépendamment des frais énormes de perception.

Cependant les besoins ordinaires de 1817, et 560 millions pour les quatre cinquièmes de la contribution de guerre, formaient un total de 1,105 millions. La nation française a donc payé en 1817 une somme supérieure à celle exigée par le budget ordinaire et par l'impôt extraordinaire.

Les recettes, d'après les tableaux présentés par le ministère, peuvent être classées comme suit :

Pour 1816.	. .	893,430,000 fr.
1817.	. .	1,102,676,000
1818.	. .	1,000,000,000
TOTAL.	.	2,996,106,000 fr.

Si nous réunissons la contribution de guerre aux budgets ordinaires de ces trois années, en ajoutant les 700 millions et 550

les fonds provenant du revenu des communes, ni le produit des dons de la charité publique. « Dans la plupart des départemens, dit le Ministre, ces ressources ont été très-considérables : dans plusieurs, elles ont plus que doublé les fonds accordés par le Gouvernement; dans quelques-uns, les préfets en ont évalué la masse *à plusieurs millions.* (Plus, 24 millions aux alliés.)

multipliés par trois, nous n'aurions eu à payer que 2,350,000,000 fr. : perte pendant trois ans, 646,000,000 fr. A cette somme, il faut ajouter la différence entre la négociation, et le rachat des 600 millions représentés par les 30 millions de rentes, indépendamment de celle supportée sur la négociation des 6 millions de rentes accordées en 1816. La perte totale, pendant trois ans, sera de plus de 750 millions. *Nous serions libérés en* 1818, *et nous ne le sommes pas encore.*

Nous ne supporterions en 1819 et en 1820 qu'une charge publique ordinaire, susceptible d'être diminuée par de bonnes économies, par l'extinction des rentes viagères, et par l'amortissement. Les charges de ces deux années n'exigeraient du peuple qu'un sacrifice d'environ 1,100 millions ; il payera 2 milliards ou 1800 millions, en supposant les budgets d'un milliard ou de 900 millions.

RÉCAPITULATION.

1816.	893,000,000fr.
1817.	1,102,000,000
1818.	1,000,000,000
	2,995,000,000fr.

De l'autre part. 2,995,000,000fr.

1819, par approximation. 900,000,000

1820, par approximation. 900,000,000

Nous payerons pendant 5 ans. . . . . 4,795,000,000fr.

Nous aurions déboursé pour les cinq budgets ordinaires, évalués au terme moyen de 540 millions, savoir :

1816, 1817, 1818, 1819, 1820. . . . . 2,750,000,000fr.

Aux alliés. 700,000,000

3,450,000,000

Somme payée pendant les 5 années. . . . . . 4,795,000,000fr.

Différence. (Perte pour le peuple.). . . . . . . 1,345,000,000fr.

Si nous considérons encore les dépenses et les recettes sous un autre point de vue, en comparant ce que nous payerons dans l'espace de trois ans, et ce que nous aurions eu à payer, le tableau des dépenses doit être établi comme suit :

1816, 1817, 1818, budgets ordinaires,

taux moyen de 540 millions.	1,620,000,000 fr.
$\frac{5}{7}$ des contributions de guerre	420,000,000
3 années d'entretien, terme moyen de 150 millions. (Ces dépenses n'étaient que de 130 pour 1816 (1). . . .	450,000,000
	2,490,000,000 fr.
Le peuple a déboursé, ainsi que je l'ai indiqué plus haut.	2,996,000,000
Perte.	506,000,000 fr. (2)

Le système économique du ministère nous aura donc fait éprouver à la fin de 1818 une

(1) Ces frais d'entretien figurent cette année pour 154 millions, quoiqu'un cinquième du contingent des 150 mille hommes ait dû évacuer le territoire français. Le ministère attribue cette augmentation de dépense à la hausse du prix des denrées...... Cette perte de 24 millions doit être ajoutée aux autres pertes.

(2) Il faut ajouter à cette perte celle supportée sur les négociations de rentes.

perte réelle de plus de 600 millions. Quelle économie !....

Nos débours se seraient élevés à 3 milliards 450 millions, de 1816 à 1820; ils s'éleveront à 4 milliards 795 millions, et nous perdrons au moins 1,400 *millions.*

Il est vrai que, dans les dépenses de 1817, se trouvent compris les déficits des budgets de 1814 et 1815, qui, ajoutés au déficit de 1816, composent une somme de 83 millions, laquelle apporte une bien faible réduction dans les pertes que je viens d'évaluer.

Enfin, si nous récapitulons l'importance de nos charges pendant l'occupation, nos dépenses seront celles-ci :

5 budgets ordinaires .	2,750,000,000 fr.
Frais d'entretien pendant 5 ans	750,000,000
Contribution de guerre.	700,000,000
	4,200,000,000 fr.

Les dépenses de nos cinq budgets extraordinaires s'éleveront à 4,755 millions; différence, 555 millions, indépendamment de la perte causée par le soi-disant emprunt, et DE LA PERTE IRRÉPARABLE DE NOS BOIS VENDUS.

Notre budget de 1820 sera chargé des

énormes intérêts de la nouvelle dette publique, de l'augmentation des fonds assignés à la caisse d'amortissement.

Le budget *ordinaire* de 1818 s'élève à 681 millions; il excède celui de 1816 (tel qu'il avait été arrêté par les Chambres) de 130 et quelques millions, (en deux ans.) En suivant la même progression pour 1819 et 1820, il s'élevera à plus de 800 millions.

Il est donc évident qu'immédiatement *après l'évacuation du territoire*, nous supporterons une masse de charges publiques égale à celle que nous supportions en 1816, c'est-à-dire *pendant la première année de l'occupation* (1).

Tel sera enfin en 1821 le résultat des opérations du ministère pendant cinq ans; tels seront les effets de son fameux systême de finances si vanté, qui lie, suivant lui, *le présent à l'avenir*. Le présent de 1816 sera tellement lié à l'avenir de 1821, *que nos charges seront les mêmes;* mais pour les sup-

(1) Le budget ordinaire et le budget extraordinaire formèrent en 1816, d'après l'évaluation du ministère, une somme de 800 millions portée à la fin de l'année à 884, et dans le dernier compte rendu, à 899,551,000 fr.

porter en 1821, nous aurons beaucoup moins de ressources que nous n'en avions en 1816. Nos moyens d'impôts s'épuisent; la moitié de la population sera forcée de venir au secours de l'autre moitié. Ces secours devant trouver un terme, ne devons-nous pas craindre quelque catastrophe ?.....

Il est donc urgent de changer ou d'améliorer ce funeste système, de suivre une marche plus régulière, et d'abandonner le chemin de la routine.

Chaque année le ministère commet les mêmes fautes, les mêmes erreurs. En présentant son système après l'ouverture de la session de 1816, il disait : « Les finances touchent de si près à la destinée des empires, et tant d'intérêts s'y rattachent, que leur situation est le premier objet sur lequel les hommes d'état et les particuliers portent leurs regards. . . . .

» Ce n'est pas assez d'assurer le service d'une année; *la prévoyance doit aller plus loin* : elle doit ouvrir une route qui nous fasse traverser le présent, et nous mène le plus avant possible dans l'avenir.

» Cette route est un système de finances qui lie une année à l'autre, et qui, d'un état de dettes et de gêne, nous conduit graduellement à la libération et à l'aisance.

» Ce système doit, à notre avis, réunir les conditions suivantes :

» 1°. Assurer le paiement loyal des dettes » du passé ;

» 2°. Fixer la somme de l'impôt dans une » proportion compatible avec les facultés des » contribuables, et se ménager un EXCÉDANT » qui diminue ce que nous aurons à deman- » der au crédit pour les dépenses qui sont » hors des besoins naturels de l'administra- » tion ;

» 3°. Appeler la confiance des capitalistes » par la sureté de nos engagemens et l'évi- » dence de nos moyens ;

» 4°. *Donner à toutes les fortunes* CETTE SÉ- » CURITÉ sans laquelle il n'y a point de cré- » dit : puissance pacifique, qui, sans effa- » roucher nos voisins, peut dépasser nos » frontières, et nous procurer de plus utiles » conquêtes que celle des armes ;

« 5°. Doubler la dotation de la caisse d'a- » mortissement, la renforcer encore par » l'affectation spéciale, *par l'abandon ab- » solu d'une partie des propriétés de l'Etat*, » et favoriser enfin par tous les moyens le

» développement de cet agent de libération, » qui, chaque jour, fait faire à la dette pu- » blique un pas vers la décroissance, et dont » les moyens s'augmentent de tout ce qu'il » lui ôte.

» Ces conditions et ces principes forment » la base du budget que nous avons l'hon- » neur de vous présenter. »

Ce système a-t-il fourni les résultats que le ministère attendait de son exécution? A-t-il donné à toutes les fortunes cette sécurité sans laquelle il n'y a point de crédit? A-t-il fixé la somme de l'impôt dans une proportion compatible avec les facultés des contribuables?

Il est démontré que la France, possédant une énorme richesse foncière et mobilière, qui s'élève beaucoup au-delà de 40 milliards, pourrait suffire par ses tributs à l'acquittement de nos charges annuelles, sans efforts et sans contrainte, si une bonne administration lui en facilitait les moyens.

Notre nouvelle dette ne sera amortie que dans l'espace de 15 ans (dit-on); *l'ancienne dette ne le sera point pendant ces 15 années.* On eût pu se borner à amortir cette ancienne dette, ne point augmenter nos budgets, et trouver dans des recettes certaines le nivellement de nos dépenses. On sait que ce systême a été adopté, pour 1817, par les Chambres, uniquement *faute de mieux*. On devait donc s'attendre à voir le ministère faire quelques pas vers *ce mieux* pour 1818. En améliorant, il lui était facile de ne point doubler la dotation de l'amortissement, et de nous conserver nos bois. Nous consommerons le capital de nos bois, nous diminuerons nos ressources, nous réduirons nos revenus et notre capital national; nous ne serons point libérés. Les créanciers, ajournés, ne recevront pas le montant de leurs créances *en valeur intégrale.*

XXIV.

« *La France, plus grande que ses infor-*
» *tunes, inspire au crédit la confiance de lui*
» *prêter secours.*

» *Le crédit met en valeur, pour nous, le*
» *temps qui n'est pas encore; il nous fait*
» *aujourd'hui l'avance de ce que nous recueil-*
» *lerons plus tard: certains d'en être rem-*
» *boursés avec intérêt, quand le terme sera*
» *venu.* »

La France n'a point un crédit réel: je crois

l'avoir complétement démontré. Ce prétendu crédit, cette loterie financière nous prépare un cruel avenir. *Nous ne recueillerons plus tard* qu'une masse de charges publiques de 800 millions ; nous avons recueilli depuis deux ans une augmentation de 130 et quelques millions sur notre budget ordinaire.

Bien loin *d'être remboursés avec intérêt de cette avance*, nous rembourserons *plus tard* ces avances avec d'énormes intérêts..... *Nous recueillerons plus tard*, comme aujourd'hui..., et la misère et le découragement.

Le 15 novembre 1816, le ministère disait : « Nous résoudrons par notre exemple, comme » un autre peuple l'a fait par le sien, le pro» blême de tirer *de la nécessité de s'endetter* » LES MOYENS DE S'ENRICHIR, sans que ces » moyens coûtent rien à la probité du gou» vernement. »

C'est avec de semblables systêmes, c'est avec ces sophismes, que l'on ruinera ma pauvre patrie.

Le peuple voisin *s'est enrichi d'une dette* de 18 à 20 milliards, *égale à sa richesse foncière et mobilière*. Pour subvenir à l'énormité des besoins nécessités par cette dette, il se voit accablé d'une masse d'impôts supérieure à celle des nôtres : sa population est cependant moindre de moitié.

Lorsque le peuple voisin commença à emprunter pour s'enrichir, il faisait un commerce immense dans les quatre parties du monde ; ses manufactures fournissaient aux besoins des principales nations du continent; leurs produits étaient exportés dans les colonies américaines et asiatiques. Cette nation faisait néanmoins des profits réels, qui se sont écoulés en subsides, pour soutenir son systême de domination.

Combien est différente notre situation ! La consommation intérieure ne suffit pas pour activer notre commerce et nos manufactures; nous nous endettons, et ne faisons aucuns profits : ce n'est pas ainsi que l'on s'enrichit.

XXV.

« *Car tel est l'avantage d'un Gouvernement incorporé avec la nation, qu'il paraît indestructible comme elle, et que son avenir, mesuré sur celui des peuples, donne l'idée d'une durée sans limites.* »

Lorsque les gouvernemens sont soutenus par de fortes institutions, confondues avec les lois et les mœurs; lorsque la politique et la morale ne reçoivent aucune influence du caractère, des idées, des passions des législateurs, la durée des états est indestructible. Que l'on médite sur les causes de la décadence et de la ruine des empires, on pourra tirer de justes conséquences de ces méditations.

Le ministère a dit le 15 novembre 1816 : « La Charte est la clôture de la révolution; » c'est par elle que le Roi s'est rendu » maître des résultats de ce grand événe- » ment, pour légitimer ce qu'ils ont d'in- » destructible, et donner à la nécessité la » sanction de loi. »

Si le ministère eût possédé des connaissances plus étendues en politique, il n'aurait pas avancé une pareille absurdité. En thèse générale, un Souverain ne peut maîtriser les révolutions, en donnant une constitution à ses peuples.

En prenant pour base un aussi faux principe, on construit un édifice que le moindre vent politique renverserait infailliblement.

S'il y a dérogation à l'esprit des lois fondamentales dans la création des lois civiles, dérogation à l'esprit de ces lois dans l'exécution, quelle que soit la sagesse qui ait présidé à la rédaction des lois fondamentales, fussent-elles données par l'Éternel à un monarque sur un nouveau mont Sinaï, le monarque, en maintenant l'intégrité de ces lois, ne pourrait arrêter la chute du torrent.

Le Tout-Puissant donna sa Charte à Moïse; elle sert de base à toutes les religions des peuples civilisés. Cependant ce présent de l'Être-Suprême, l'expression de ses volontés, n'arrête point le débordement des passions: on voit des luxurieux, des homicides, des hommes qui *jurent Dieu en vain.*

Si la Charte de l'Éternel était strictement exécutée, les peuples vivraient sans lois; ils ne formeraient qu'une grande famille.

Pour clore la révolution, il faut que la Charte soit rigoureusement exécutée. Nos lois fondamentales, calquées sur les lois de l'Auteur de la nature, présentent au peuple français tous les avantages que chaque citoyen recherche dans l'association politique dont il fait partie. Exécutons donc strictement la Charte, et nous appliquerons le principe.

D'ailleurs, vous nous avez dit, ministère, souvenez-vous-en (et soyez conséquent) :

« La nature et les lois antiques, quelle » que soit la sainteté de leur puissance, » ne suffisent pas toujours, nous en avons » fait la triste expérience, pour maintenir » les choses qu'elles consacrent le plus.

» Elles ont besoin d'institutions *qui les pro-* » *tégent contre les révolutions*; comme la pro- » priété, malgré son essence sacrée, a be- » soin de tribunaux qui la défendent contre » les envahissemens. La plus efficace de ces » institutions est un bon systême de fi- » nances. . . .

J'ajouterai : et une bonne administration civile, économique et judiciaire.

XXVI.

« *Vous n'oublierez pas, Messieurs, en* » *vous résignant à cette augmentation néces-* » *saire de dettes, que l'amortissement est là,* » *que son action continue est toujours exis-* » *tante, et que c'est par elle que doit, avec le* » *temps, se fermer la plaie de nos finances.*

» *Cette action sera renforcée l'année pro-* » *chaine par les ventes de bois que la caisse*

» *pourra faire avec avantage et opportunité.* »

Non, *nous n'oublierons pas* que le fonds d'amortissement est augmenté de 20 millions; qu'une partie de nos bois sera bientôt engloutie dans ce gouffre.

Nos enfans, en gémissant sur la disette des bois, vers laquelle nous marchons, *n'oublieront point* ce qu'on a fait pour eux en 1817; ils n'oublieront pas les pertes qu'aura éprouvées le capital national, par l'effet de ces dangereux systêmes.

Lorsque la nécessité de consommer imprimera quelqu'activité au commerce et à l'industrie, ils s'apercevront que la pénurie du numéraire ne suffira pas aux échanges; que la circulation des valeurs commerciales et les opérations mercantiles se trouveront soudain interrompues.

Nous et nos enfans nous n'oublierons pas que, pour faire face au présent, les Ministres n'ont point embrassé l'avenir avec le coup d'œil de l'homme d'état; qu'ils paraissent avoir pris pour maxime la devise des bons vivans : *Ne pensons qu'au présent, sans songer au lendemain ; et de peur qu'il ne nous tue, mes amis, tuons le temps.*

Nons n'oublierons pas que, depuis deux

ans, le ministère n'a rien fait pour nous; qu'il a contemplé nos plaies, nos souffrances; qu'il a entendu nos gémissemens avec un stoïcisme imperturbable; qu'il s'est borné à nous donner des lois d'exception, en mettant les mots à la place des faits, en nous disant : « Le moyen d'atteindre ce but (le » salut et la gloire du trône et de la patrie) » a été indiqué par le Roi lui-même : c'est » l'exécution *franche et entière* de la Charte. »

XXVII.

« *La part des propriétaires dans la distri-* » *bution des droits politiques, est un attrait* » *qui doit encourager les acquisitions.* »

Quelle consolation nous offre le ministère, lorsque nous savons que les acquéreurs de bois introduisent les *tailles* dans leurs propriétés forestières, immédiatement après l'achat! Il est vrai que la manie des *tailles* est actuellement dominante en France.

Il n'est pas essentiel d'être propriétaire de bois pour acquérir des droits politiques. Si ces droits se trouvent dans les bois, on les rencontre aussi dans les maisons, les métairies, les prairies et les terres de labour, dont la possession confère le titre d'électeur et l'éligibilité.

Cet *attrait*, présenté par l'achat des bois, ne sera point assez puissant pour engager les acquéreurs à les payer même à leur valeur. Si leurs offres ne sont point acceptées, les capitalistes renonceront à l'acquisition des propriétés forestières; ils rendront service à beaucoup de propriétaires gênés par les non-valeurs, la surcharge et l'intolérable inégalité dans la répartition des impôts, en achetant leurs maisons, leurs terres, leurs prairies; ils abandonneront enfin au ministère la petite satisfaction de pouvoir continuer de nous faire des fagots avec nos bois, dont la vente n'activera pas nos usines et nos manufactures à l'avenir.

XXVIII.

« *La classe des propriétaires est, en quelque*
» *sorte, le rempart du trône agrandi.* »

Je l'avoue; mais il n'est pas nécessaire d'agrandir ce rempart par une nouvelle classe de propriétaires détenteurs des bois de l'État.

Une bonne administration civile et financière, la prospérité nationale, la satisfaction générale forment autour des trônes des remparts d'airain qu'aucune force humaine ne peut prendre d'assaut. Le rempart formé par les propriétaires de bois n'est qu'une faible barrière de palissades, qui n'arrête que la cavalerie, sans que l'on puisse l'opposer au passage du boulet.

Ah ! de grâce, retardons cette vente de bois projetée pour 1818 ! Songeons sérieusement à l'avenir; sachons prévoir les événemens avant qu'ils soient sous les yeux. Pour guérir une plaie, n'en ouvrons pas une autre près d'elle; pour amortir nos dettes, *n'amortissons pas nos bois.*

XXIX.

« *Alors l'impôt ne demandera plus aux*
» *fortunes que ce qu'elles pourront lui donner,*
» *sans altérer les moyens de production.* »

Quels seront ces moyens de production dans un temps plus reculé, si chaque année on en laisse tarir la source ? Nous sommes condamnés à supporter encore une somme de charges publiques, qui ne sera pas moindre que 800 millions.

Il sera indispensable à cette époque de s'occuper de la confection du cadastre, de l'entretien des grandes routes, des canaux, des encouragemens à donner aux arts, au commerce, à l'industrie, pour communiquer une nouvelle action aux agens de la prospérité publique. Une augmentation d'impôts sera donc encore nécessaire.

XXX.

« *Alors l'économie, aidée de l'activité com-*
» *merciale et industrielle, rassemblera les*
» *substances éparses que lui aura momenta-*
» *nément dérobées l'inflexibilité de nos besoins*
» *extraordinaires.* »

Trouvera-t-on des économies sur les intérêts de la dette publique? On ne peut l'atténuer que par l'amortissement; elle suivra la ligne qui lui est tracée; elle utilisera sa dotation.

Si l'on peut obtenir de bonnes économies par la suite, *pourquoi n'a-t-on pas employé ces moyens économiques*, lorsque le peuple est accablé par le poids des impôts, lorsque les déficits altèrent nos ressources? Les circonstances ne sont-elles pas assez critiques, pour réclamer les soins, les efforts, la sollicitude des Ministres et leur dévouement à l'intérêt général. Il ne faut pas deux ans pour faire quelques pas vers le bien.

L'activité du commerce et de l'industrie rassemblera difficilement les substances éparses, dérobées par l'inflexibilité de nos besoins extraordinaires, qui deviendront nos besoins ordinaires en 1821 et années suivantes.

C'est l'inflexibilité du ministère dans sa résistance à ne rien améliorer, qui disperse toutes les substances du commerce et de l'industrie; c'est son inflexibilité dans le refus de faire droit aux plaintes, d'accueillir les réclamations, d'alimenter les principes de vie et de prospérité, qui nous porte à jeter un coup d'œil douloureux sur le triste avenir que nous prépare son inflexibilité.

Plus les substances nécessaires à la formation d'un tout sont éparses, plus on a de peine à les rassembler. Les rouages d'une mécanique sont mis en mouvement d'autant plus difficilement, que l'inactivité s'est plus longuement prolongée.

XXXI.

« *Alors les capitaux renaîtront, et le Tré-*

» *sor, moins exigeant, n'aura plus d'action* » *que sur les fruits.* »

Les capitaux qui auront disparu ne renaîtront pas : les sommes payées aux alliés, les frais d'entretien de leurs troupes, prélevés sur nos impôts, les pertes causées par les emprunts, celles occasionnées par notre mauvaise administration financière, formeront une perte totale de plus de *deux milliards*, dont une partie nous enlevera une portion de notre numéraire.

« Nous trouvons (disait le ministère en » présentant le budget de 1817), dans l'as» siette des impôts, un revenu de 759 mil» lions..... ; en sorte qu'avec les 10 millions » que nous laisse le budget de 1816, et les » 5 millions provenant de la liste civile, nos » recouvremens ne peuvent être portés au» delà de 774 millions... Il y a une grande » distance, Messieurs, entre 774 et 1,088 » millions. »

Cette année, le ministère évalue la masse de nos ressources à 767 millions, somme qu'il considère comme devant atteindre *les limites de l'impôt.*

Notre budget ordinaire étant, pour 1818, de 681 millions, les nouvelles charges, les intérêts de la nouvelle dette publique, porteront nos besoins au-delà *des limites de l'impôt*. Notre position ne sera donc point améliorée : le Trésor *ne sera pas moins exigeant* après l'évacuation de notre territoire ; il continuera d'exercer son action *sur les fruits*.

Nos moyens d'impôt s'altérant chaque année, nous supporterons encore plus difficilement ces charges : nos budgets offriront de nouveaux déficits.

Le ministère, pour couvrir son imprévoyance et son impéritie, a contracté l'habitude d'essayer de nous éblouir par de vaines espérances ; et il nous disait, le 15 novembre 1816, *que les augmentations sur les droits d'enregistrement gagneront en raison de l'accroissement du nombre des transactions*.

Les droits d'enregistrement portent sur les capitaux, et non pas *sur les fruits des capitaux* : le ministère n'est donc pas conséquent dans ses promesses. Il attendait 156 millions de ces droits en 1817 ; à quelle somme s'éleveront-ils par la suite ? Tout homme instruit n'ignore pas que l'impôt sur les capitaux est subversif de toute richesse publique ; que, bien loin d'augmenter les produits de ces impôts, il est du devoir des administrateurs de les diminuer. Est-ce en pratiquant des systêmes aussi absurdes, que nous remédierons à nos maux ? Bonne France ! pauvre patrie ! Le ministère veut-il ton salut ou ta ruine ?

XXXII.

« *Dans la répartition des richesses, la part* » *du Trésor n'est* QU'EN SECONDE LIGNE ; *la* » *prospérité du peuple doit précéder la sienne ;* » *elle n'est pas enveloppée d'un voile impéné-* » *trable.* »

Applique-t-on ce principe en sacrifiant continuellement la prospérité du peuple, pour obtenir la part du Trésor ?

Le ministère a-t-il fait marcher sur la même ligne les besoins du peuple et les besoins du Trésor ? A-t-il prouvé qu'il savait compatir au sort d'une nation malheureuse, dont les plaintes n'ont point ébranlé l'inflexibilité ministérielle ?

L'année dernière, la Chambre des Députés, en sanctionnant la loi transitoire sur la perception des quatre douzièmes, témoigna le désir de voir le ministère obvier à ces inconvéniens. Comment a-t-il répondu à l'attente de la Chambre ? Il a demandé cette année la perception provisoire des *six douzièmes* sur les impôts, d'après la fixation de

1817. La Chambre, déterminée par l'urgence, afin de ne point laisser souffrir le Trésor, a encore adopté la loi transitoire, en demandant une nouvelle fixation de l'année financière; elle a pris l'initiative du conseil, le ministère ne prenant point l'initiative de la proposition.

Le budget est discuté, chaque année, dans le premier trimestre : les fonds provenant des perceptions des premiers mois sont déjà rentrés dans les caisses publiques. Les Chambres, pressées par les circonstances, se bornent à vérifier ou à modifier le budget des dépenses; elles adoptent le budget des recettes tel qu'il est présenté, pour satisfaire le Trésor. La prospérité du peuple ne fixe point leurs regards; elles craignent de changer l'économie du système présenté. *La part du Trésor est en première ligne.*

Le bureau de la Commission du budget est encombré de plaintes, de réclamations, de pétitions signées par des classes entières de commerçans, par les chambres de commerce : *elles restent dans l'oubli.* Si, pendant la discussion, les Députés produisent les réclamations de leurs commettans, on leur répond que la Chambre n'a pas l'initiative, qu'elle est incompétente, ou que le Trésor a de grands besoins. Le budget est approuvé, non parce qu'il réunit toutes les conditions désirables, mais *faute de mieux*. Les larmes, les sueurs du peuple entrent dans le Trésor. Le ministère reste sourd et inflexible, en se retranchant dans son fameux système de l'incompétence, en attendant que l'on ait posé les limites du droit d'amendement, et prescrit l'étendue de la jouissance de ce droit imprescriptible de la représentation nationale : tant il est vrai qu'en France les législateurs ont une idée bien inexacte du système représentatif !

Mais puisque les dépositaires du pouvoir royal sont les dépositaires de l'initiative, pourquoi ne la prennent-ils pas, avec la permission du Monarque, qui ne la refuserait point pour le bonheur de son peuple ?

Pendant la session de 1816, beaucoup de pétitionnaires adressèrent à la Chambre leurs réclamations. Les circonstances ne permirent pas de modifier le budget, et d'y introduire les améliorations jugées nécessaires. Les amis du bien public avaient encore une assez bonne opinion du ministère, pour penser qu'il s'emparerait avec avidité des innombrables matériaux rassemblés sous ses yeux, pour jeter les fondemens de la prospérité publique, et les établir dans un terrain plus solide. Vaine illusion!

Le budget de 1818 fut présenté : nous acquîmes une nouvelle preuve de l'inflexibilité du ministère. Ce système est la copie fidèle de celui de 1817, qui fit entendre les lamentations et les gémissemens de la nation. Aucune amélioration n'est offerte à nos yeux, pour rendre les souffrances du peuple moins douloureuses, et alléger son fardeau.

Pendant la session de 1815, la Chambre des Députés accorda au Ministre des finances 6 millions de rentes. Le ministère, s'étant bien trouvé de cette précaution, en profita pour établir son budget de 1817. Les recettes étant inférieures à la somme des besoins, il se borna à proposer la négociation de 30 millions de rentes. Ce système n'exigeait pas une grande contention d'esprit, ni un effort du génie ministériel. Sourd aux plaintes du peuple, il pensa sans doute qu'il suffisait de couvrir les dépenses par des moyens plus ou moins ruineux. Telles sont, en aperçu, les brillantes opérations financières du ministère. Quel en sera le résultat? La gêne, la misère et le prolongement de notre agonie. Déjà *le Cri de la nation* se fait entendre.

La Chambre des Députés adoptera-t-elle le budget ? On lui représentera, comme on l'a fait en 1816 et en 1817, qu'il serait imprudent de changer notre vicieux systême en mars et en avril. Les pétitions, les réclamations resteront dans les archives de la Chambre ; nous continuerons de nous épuiser.

XXXIII.

« *Vous le pressentez, Messieurs, un pareil*
» *avenir se découvre à vous ; il nous assure*
» *une situation fixe et bien acquise. Cet ave-*
» *nir, c'est la paix, la sureté, l'aisance, une*
» *liberté sage, des finances en bon ordre,*
» *une dette atténuée, et pour garantie de*
» *tant d'avantages, l'immutabilité d'un gou-*
» *vernement paternel, qui a pour lui la con-*
» *sécration du temps et la sanction des cons-*
» *ciences.* »

Ah, ministère! en comparant le passé au présent, vous vous convaincrez que vos pressentimens vous ont toujours trompé. Vous nous disiez, en 1817, que notre situation s'améliorait. Souffrez que j'interroge votre bonne foi, vos cœurs, vos consciences (1).

Cet avenir nous assure-t-il *une situation fixe et bien acquise*, lorsque nous entrevoyons la permanence fixe et mal acquise de nos

---

(1) En mettant sous les yeux de S. M. le dernier compte de finances, le ministère s'est exprimé en ces termes : « Mais je le dis avec douleur à V. M., pour maintenir cette équation entre les ressources et les besoins, il a fallu atteindre toutes les limites de l'impôt ; et si l'espoir consolant que V. M. a donné à ses peuples, ne devait point se réaliser, s'ils étaient condamnés à n'obtenir que du temps les adoucissemens que trois années de souffrances et de calamités leur ont rendus si nécessaires, la propriété, l'industrie, le commerce, accablés sous le poids des charges publiques, ne *pourraient bientôt plus en soutenir les excès.* »

Le ministère n'est pas d'accord avec lui-même. Il a dit aussi à la nation et à ses Députés que l'agriculture et le commerce résistent au découragement, par des efforts qui *ne seront pas infructueux*.... Que l'impôt, à l'avenir, ne demandera plus aux fortunes que ce qu'elles pourront lui donner, sans altérer les moyens de production..... *Que la gravité ne passera point les limites de nos forces et de notre résignation*.....

Le ministère, depuis deux ans, a essayé de nous éblouir par des phrases et des figures de rhétorique. *Les mots passent, et les faits restent.*

charges au-delà de 1820? Cette situation sera-t-elle bien acquise par les sacrifices énormes du peuple pendant cinq ans, par l'inexécution de nos lois fondamentales, par la privation de nos droits les plus chers, des moyens de satisfaire à nos besoins et de réparer nos pertes?

Cet *avenir*, selon vous, *c'est la paix, l'aisance, la sureté, une liberté sage, des finances en bon ordre, une dette atténuée.* Pourquoi sommes-nous privés au *présent* de ces avantages? La France ne les a-t-elle pas achetés au prix de son sang, par des tributs de toute espèce? N'est-elle pas en droit d'en contester la possession au ministère, et de revendiquer cette propriété sacrée dont il prétend la dépouiller?

Raisonnons logiquement: puisque vous nous présentez la paix dans l'avenir, nous ne sommes donc point en paix.

La France cependant n'est en guerre avec aucune puissance. Quand on n'est point en guerre, on est en paix ou en trève. La trève est une paix de courte durée. Si nous ne sommes qu'en trève, quel avenir nous faites-vous pressentir! Vous accroissez nos inquiétudes, au lieu de les calmer.

Nous ne jouissons point, selon vous, de *la paix, de l'aisance,* de LA SURETÉ, d'une liberté sage, d'un bon ordre dans les finances : cependant, comme les impôts sont le produit d'une *grande cotisation*, le peuple paye d'énormes tributs, pour obtenir en échange la paix, l'aisance, la *sureté*, une liberté sage et un bon ordre dans les finances ; il ne payerait pas certainement pour s'endetter, pour obtenir la guerre, la gêne et l'oppression.

Il est vrai que nous sommes en guerre au-dedans. Est-ce la faute du peuple ? Non : les divisions sont les conséquences des faux systêmes et de la mauvaise administration, qui opèrent le froissement des intérêts divers, au lieu de les rallier sous la même bannière, et de les diriger vers le *fanal dont la lumière* indique le point de ralliement.

Les Ministres, bien loin d'avouer leurs faiblesses, leurs fautes, leurs erreurs, préfèrent essayer de nous faire prendre le change, en nous parlant vaguement de l'occupation étrangère, des événemens, des circonstances.

En 1818, si nous nous plaignons d'être malheureux, de nous voir priver de nos droits, ils nous répondent : ce sont les circonstances, qu'ils considèrent sans doute comme les conséquences des événemens politiques ou atmosphériques.

Barricadés dans de pareils retranchemens, nos Ministres se croient inattaquables, inexpugnables, parce qu'ayant une faible opinion d'une nation qu'ils honorent d'un noble dédain, ils regardent les français du 19e. siècle comme des hommes stupides, que l'on peut faire marcher au gré des dépositaires du pouvoir. Nouveaux barons dans leurs nouveaux castels, ils se bornent à déclarer guerre ouverte aux descendans des anciens barons.

On pouvait, dans des temps de ténèbres, endormir les hommes sur leurs propres intérêts ; il était facile de les tromper, lorsque, serfs, esclaves, ignorans et superstitieux, la civilisation ne les avait point encore tirés de leur léthargie politique et de leur état de stupidité ; lorsqu'enfin les chemins, les veines du corps social n'avaient pas établi le point de contact des lumières ; lorsque les citoyens d'un même pays vivaient isolés les uns des autres.

Ah, ministère ! une grande nation éclairée

aimerait à vous entendre dire : « Les événemens qui se sont rapidement succédés ont fait naître en France des opinions divergentes ; les météores politiques n'ont apparu qu'un moment sur l'horizon ; ils n'ont rien détruit, mais tout ébranlé. Tout est ordre dans la nature ; à l'orage succède le calme. Nous connaissons les moyens efficaces d'arrêter les effets de nos commotions ; les français veulent l'exécution entière de la Charte, nous l'exécuterons ; ils jouiront de ses bienfaits, de ses développemens. Le *vœu dominant* nous est connu ; nous nous occuperons sans relâche du soin de le réaliser. Nous procurerons à la France le bonheur après lequel elle aspire ; nous lui prouverons, par notre conduite sage et mesurée, que nous sommes les sincères amis du bien public. Nous ne pouvons, dans un seul jour, rassurer l'État ébranlé ; mais, chaque année, nous ferons faire à notre pays de grands pas vers la félicité. En agissant ainsi, nous réunirons les partis ; nous royaliserons les uns, nous réduirons les autres au silence, en disant : cette paix intérieure dont vous jouissez, cette stricte exécution des lois dont vous êtes témoins, cette prospérité renaissante qui frappe vos regards, cet espoir d'un heureux avenir qui se développe dans tous les cœurs français, ces symptômes de l'allégresse qui se manifestent de toutes parts : voilà notre ouvrage. La présence des étrangers nuit à l'accomplissement de nos desseins ; mais au moins, en leur présence, par notre habileté, nous avons su réunir tous les matériaux nécessaires pour vous procurer une félicité durable, après le départ de ces amis importuns; nous avons su leur prouver que, sous une bonne administration, une nation grande, valeureuse, généreuse, industrieuse, favorisée par la nature, a conservé tous ses principes de vie. Qu'avez-vous à nous reprocher ? Notre conduite, notre zèle vous offrent toutes les garanties possibles. *D'après ce que nous avons fait au passé, jugez de ce que nous pouvons faire pour vous à l'avenir.* »

Le Roi et la nation ont mis les Ministres à l'épreuve ; *nous pouvons juger de ce qu'ils feront d'après ce qu'ils ont fait.*

Ont-ils fait les événemens ? Non. Ont-ils fait l'intempérie ? Non. Ont-ils fait les circonstances ? Oui. Quelles sont ces circonstances ?

Les Ministres attribuèrent nos malheurs

aux événemens en 1816; à l'intempérie en 1817; ils attribuent notre triste situation, en 1818, aux circonstances.

Les événemens engendrèrent les lois d'exception, qui engendrèrent les circonstances, lesquelles ont engendré de nouvelles lois d'exception, qui engendreront de nouvelles circonstances. Ainsi, grâce à l'habileté des Ministres, le ministère ne nous administrera plus sous l'empire salutaire des lois; nous serons courbés désormais sous le joug impérieux des circonstances (1).

Les événemens se rencontrent dans l'invasion et l'occupation de notre territoire par les troupes étrangères; ils ont laissé à leur suite deux partis en présence, de plus, une charge extraordinaire de 300 millions,

---

(1) La loi, rendue à la hâte, sur les journaux, ainsi que celle relative à la perception des six douzièmes, furent des lois de circonstance. La loi de finances, discutée probablement en mars ou avril, ne pouvant être exécutée qu'en mai, sera encore une loi de circonstance, puisque quatre mois de l'année seront écoulés à cette époque. La loi de finances, adoptée en mars 1817, *faute de mieux*, fut aussi une loi de circonstance.

qui devait enfler d'autant notre budget ordinaire pendant cinq ans. Je ne m'étendrai point sur les mesures que devait prendre le ministère pour nous faire supporter nos charges; je me suis assez expliqué sur ce sujet.

Etait-il difficile de réunir les partis ? En prétendant qu'il existait en France un esprit public, le ministère disait, le 15 novembre 1816 : « Nous comptons sur l'appui de cet esprit public pour gagner avec honneur le terme de nos détresses; nous connaissons *les vœux dominans* qui le constituent, *nous y répondrons*; et vous, Messieurs, ses premiers organes, vous y répondrez aussi, en suivant, comme nous et SANS DÉVIATION, la ligne tracée par la Charte, qui garantit, sous l'égide de la légitimité, tous *les droits et les intérêts* dont les français *s'accordent* A VOULOIR *la conservation.* »

Le ministère, en *déviant de la ligne tracée par la Charte*, en méconnaissant *le vœu dominant* qui constitue l'esprit public, a *déconstitué* cet esprit, cette union. Pour diriger le vaisseau de l'état sur la mer orageuse agitée par les aquilons politiques, il trouvait néanmoins une excellente boussole dans la volonté du chef suprême, qui avait déposé entre ses mains les intérêts du trône et du peuple.

Le Monarque, en ouvrant la session de 1815, a dit formellement : « Cette Charte » que j'ai méditée avec soin avant de la » donner, à laquelle la réflexion m'attache » tous les jours davantage, que j'ai juré de » maintenir, et à laquelle vous tous, à com- » mencer par ma famille, allez jurer d'obéir, » est, sans doute, comme toutes les insti- » tutions humaines, susceptible de perfec- » tionnement ; mais aucun de nous ne doit » oublier qu'auprès de l'avantage d'amélio- » rer se trouve le danger d'innover.

» Assez d'autres objets importans s'offrent » à nos travaux. Faire refleurir la religion, » épurer les mœurs, fonder la liberté sur » le respect des lois, les rendre de plus en » plus analogues à ces grandes vues, donner » de la stabilité au crédit, recomposer » l'armée, guérir des blessures qui n'ont » que trop déchiré le sein de notre patrie, » ASSURER ENFIN LA TRANQUILLITÉ INTÉRIEURE, » et par-là faire respecter la France au- » dehors : voilà où doivent tendre tous nos efforts. . . . . . »

Tous les efforts du ministère français, depuis la restauration, ont-ils tendu vers le but indiqué ? . . . .

La majorité de la Chambre de 1815 professa des opinions trop acerbes; elle ne put se familiariser avec l'idée de l'admission d'un systême de fusion, qu'il était à propos d'adopter, pour ne pas aigrir les esprits et ranimer les dissentions. L'expérience nous a fait connaître les conséquences de cette fausse politique.

Pendant la session, les regards menaçans de la majorité, ses entreprises hardies ébranlaient déjà la consistance ministérielle, et faisaient présager la chute des Ministres. Le ministère sentit toute l'imminence du danger; il ne douta pas que les majeurs reparaîtraient à la nouvelle session, plus formidables, armés de traits aiguisés dans le silence de l'inter-session. Il s'aperçut que, dans un tel état de choses, il ne pourrait faire mouvoir à son gré la majorité. Pour franchir les obstacles, il eut recours à un article de la Charte : il obtint l'ordonnance du 5 septembre; la Chambre fut dissoute.

L'ordonnance reçut l'approbation de la majorité de la nation, qui, depuis la fin de cette session, était témoin des funestes résultats des opérations acrimonieuses de cette Chambre, qui discuta avec une sagesse digne d'éloges les intérêts nationaux, pendant les délibérations relatives au budget, et suspendit notre *habeas corpus*, en établissant les cours prévotales, de douloureuse mémoire, dont les premiers travaux, marqués, dans certaines contrées, au coin de l'iniquité et de l'esprit de parti, rappelaient des époques trop funestes à notre repos.

Je ne me suis point dissimulé néanmoins que l'intérêt personnel avait fortement dominé le ministère, en considérant que les écarts d'une Chambre qui marcherait contre l'opinion, ne pourraient avoir des suites dangereuses, mais entraver quelquefois la marche du ministère, puisque les délibérations n'acquièrent force de loi que lorsqu'elles sont sanctionnées par le corps des Pairs, revêtues du sceau royal, et que les Ministres, dépositaires du pouvoir souverain, ont tous les moyens d'annuller les opérations d'une assemblée délibérante, soit en persuadant au Monarque qu'il est nécessaire de refuser ou la proposition ou la sanction de la loi.

On convoqua les électeurs pour élire de

nouveaux Députés. Les dépositaires du pouvoir ne négligèrent aucunes mesures pour écarter les membres de l'ancienne majorité. Cependant la majorité de cette majorité fut réélue ; elle redevint minorité. Le ministère prit pour modèle le ministère anglais. Professant cette fausse maxime, la majorité doit marcher avec le ministère, il s'attacha la nouvelle majorité. On sait quels moyens il employa pour y parvenir.

Les Chambres de 1815 et 1816 donnèrent dans les deux extrêmes. L'une manifesta trop d'animosité contre un ministère naissant, *qui n'avait pas encore fait ses preuves* ; l'autre témoigna trop de complaisance. L'une voulait renverser le ministère, pour le recomposer avec des élémens de son choix, en présentant des candidats qui partageaient ses opinions, ou un zèle trop ardent ; l'autre vint se grouper autour d'un ministère composé d'hommes qui étaient, par leur position dans l'état, les distributeurs des grâces et des faveurs. Celle-ci, dont on signala l'inconstitutionnalité, paralysa nos droits, et nous ravit nos libertés ; celle-là, que l'on disait plus constitutionnelle, ne guérit point cette paralysie; et la majorité, composée de constitutionnels, ne respecta pas nos libertés. Les opérations de la première jetèrent dans le sein de la patrie le germe des divisions ; les opérations de la seconde le développèrent. En perpétuant le règne des lois d'exception, elle ne remédia point aux écarts de la précédente : toutes deux n'exécutèrent point la Charte, ne réalisèrent point les *vœux dominans* de la nation.

Le ministère présenta une loi populaire sur les élections. Cette loi, rejetée par la minorité, fut adoptée par la majorité ministérielle.

Si, depuis cette époque, quelques voix s'élèvent pour critiquer avec raison les opérations des Ministres, leurs coryphées leur répondent : Taisez-vous ; nous devons à nos patrons *l'ordonnance du 5 septembre et la loi des élections.*

Devons-nous quelque reconnaissance aux Ministres ?..... Il fallait dissoudre ou le ministère ou la Chambre. Les Ministres étaient donc intéressés à faire dissoudre la Chambre, d'autant plus intéressés, qu'ils ont depuis manifesté un zèle trop ardent pour se maintenir au faîte des grandeurs. Le zèle trop ardent de la Chambre leur avait donné des avantages réels dans la lutte qu'ils avaient eu à soutenir : ils en profitèrent adroitement.

Le Roi n'ayant été mu évidemment que par le sentiment de l'intérêt général, au Roi seul nous devons de la reconnaissance.

Si l'on réfléchit attentivement sur l'intime liaison qui existe entre l'ordonnance du 5 septembre et la loi des élections, on avouera que la loi est le complément de l'ordonnance, ou que l'ordonnance est le préambule et le considérant de la loi.

Le mode d'élection du régime impérial avait envoyé à la Chambre des députés la majorité de 1815, et la minorité de 1816, malgré les efforts du ministère, qui tendaient à les en éloigner. Si les élections de 1816 eussent été libres, cette minorité fût devenue plus nombreuse.

Sans la dernière loi des élections, point d'exécution de l'ordonnance du 5 septembre, rendue dans le seul but d'écarter de la Chambre les zèles trop ardens qui ne se fondaient point dans un nouvel ordre de choses.

La Charte exprimait qu'il serait créé une loi sur les élections. Le ministère ne pouvait conserver ou reproduire, même avec de légères modifications, la loi impériale qui lui avait envoyé un fort parti d'opposition, ni représenter de nouveau la première loi adoptée pendant la session de 1815, par la redoutable majorité, et rejetée par la Chambre des pairs. Il était donc indispensable que, pour exécuter entièrement l'ordonnance, il proposât une loi plus populaire, en prenant les électeurs dans une classe inférieure, en descendant à de plus bas degrés, afin d'y trouver des appuis. L'espoir du ministère n'a point été réalisé (1).

Les élections qui ont eu lieu sous l'empire de la nouvelle loi, ont envoyé à la Chambre des députés une seconde minorité, composée d'hommes qui n'étaient point indépendans dans la société politique, laquelle ne

---

(1) La loi des élections est libérale ; néanmoins je persiste à soutenir qu'elle n'est point en rapport parfait avec le système représentatif.

La secte politique des *ultrà* se récrie contre cette loi, et surtout contre les résultats de son exécution. Mais encore une fois le peuple, éclairé par l'expérience, n'a élu cette année et n'élira dans les élections prochaines que des indépendans..... du ministère, pour défendre ses droits, et réclamer l'exécution de la Charte. Il est facile de se convaincre que pendant les élections, le peuple a réellement dé-

renferme point une secte ou classe d'indépendans. De qui, de quoi ne dépendraient-ils pas ? Ces nouveaux mineurs, fidèles observateurs de la Charte, appelés par le vœu de la nation, ne sont qu'indépendans du ministère dans l'assemblée législative.

Les Ministres ne marchent point avec l'opinion ; ils refusent d'exécuter les lois fondamentales, et de répondre aux vœux dominans. Les indépendans marchent avec l'opinion ; interprètes des vœux dominans, organes de la nation, agissant comme elle agirait elle-même, si elle délibérait en masse, demandant l'exécution des lois fondamentales ; ils ne peuvent par conséquent dépen-

---

claré la guerre au ministère. La fausse marche des Ministres a donc donné lieu à la nouvelle marche des colléges électoraux, qui maintenant suivront l'impulsion communiquée par les circonstances.....

Si la nation avait été satisfaite de la marche ministérielle, elle n'eût point envoyé au palais du Corps législatif des mentors pour les régenter, des indépendans pour s'opposer à leurs écarts, et des avocats pour plaider en faveur de nos droits et de nos libertés.

dre des Ministres : c'est pour cette raison qu'ils sont en opposition avec eux.

Le ministère paraît ignorer la nature de l'esprit public, et méconnaître l'opinion. Les élections de 1817 auraient fourni à des politiques méditateurs, à de véritables hommes d'état, un sujet inépuisable de réflexions. Nos Ministres devaient y trouver *la règle de leur conduite future et la censure sévère de leur conduite passée.*

Si l'on me vante la loi sur le recrutement, je répondrai que le Roi avait annoncé en 1815 *que l'armée serait recomposée* (1). Deux années se sont écoulées depuis cette époque : des considérations puissantes ou politiques avaient sans doute retardé la proposition de cette loi.

L'esprit des lois civiles et politiques doivent être en rapport parfait avec l'esprit des lois fondamentales. Devons-nous savoir gré aux Ministres d'avoir mis cette loi en harmonie avec la Charte, qu'il est de leur devoir

---

(1) Il est permis de supposer que la loi de recrutement a été en partie rédigée par le Ministre actuel de la guerre, dont le patriotisme n'est point révoqué en doute.

de faire exécuter dans le ressort des attributions que le Souverain a déléguées à chacun d'eux? Le titre d'avancement est un des développemens de la Charte. Le Monarque, dans son discours d'ouverture, avait tracé la route que les dépositaires de son pouvoir devaient suivre, et dont ils ne pouvaient s'écarter.

Les Ministres, dont le systême est calqué sur le systême anglais, n'ont point évité, sous un gouvernement naissant, les écueils qu'offre sans cesse l'application de ce systême, réprouvé par la raison, la morale et l'équité.

S'ils eussent médité sur la nature du gouvernement représentatif, ils se seraient abstenus de jouer le rôle d'imitateurs. Ayant des idées très-inexactes de la marche de ce gouvernement, ils se sont bornés, comme l'a fait la majorité de 1815, à déclarer la guerre à quiconque ne serait pas de leur parti, ou n'adopterait pas leurs opinions erronées. Ils se sont empressés de guerroyer les *ultrà* dans les Chambres et dans les colléges électoraux; mais ils ont négligé les *ultrà* et les *nec plus ultrà* des départemens, dont les écarts et l'inconstitutionnalité ont fomenté le feu de la division, et ranimé de vieilles animosités.

Cette conduite s'explique aisément: Dans les Chambres et les colléges électoraux, la présence des *ultrà* portait ombrage au ministère, qui voyait en eux des ennemis redoutables. Les *nec plus ultrà*, répandus sur la surface de la France, troublaient la sécurité publique, jetaient des doutes sur la durée de nos institutions nouvelles : ils aigrissaient l'esprit public, mais ils ne blessaient point, par leurs actions et leurs écarts, l'amour-propre et l'intérêt personnel du ministère; leurs attaques n'étaient pas directes contre les Ministres; elles étaient hors de portée. Cette insouciance est d'autant moins excusable, qu'il en est résulté une fermentation, dont une bonne administration pourra seule arrêter les effets, en donnant de fortes garanties depuis si long-temps désirées, en suivant littéralement les intentions exprimées par le Monarque, et la ligne tracée par la Charte.

Nos Ministres ont donc imité ces médecins impérites, qui placent un topique sur le côté droit d'un malade, déplacent le mal, et le font refluer sur la poitrine ou vers le côté gauche ; qui, au lieu d'extirper le principe viciant, pour opérer une guérison radicale, essaient de prolonger la durée de leurs services, et de se rendre nécessaires, plutôt que d'avouer avec franchise qu'ils ignorent la cause de la maladie, et qu'ils ne peuvent la guérir, de peur que cette renonciation ne soit suivie d'un congé.

Depuis deux ans, les Ministres se sont contentés de guerroyer les *ultrà* dans les Chambres et dans les élections, en exécutant la volonté du Roi, qui avait méconnu les zèles exagérés. Qu'ont-ils fait de plus ? Ont-ils mis sous les yeux du Monarque les besoins et le tableau fidèle de notre malheureuse situation ?

Quoique suffisamment éclairés par les résultats de l'exécution de la loi d'octobre 1815, ils ont présenté une loi contre la liberté individuelle ; ils ont proposé une loi sur les donations ecclésiastiques, une loi d'exception sur la presse, contre *le vœu dominant* qu'ils assuraient bien connaître ; de plus, un système de finances ruineux et oppresseur. Ces opérations du ministère furent présentées pendant la session de 1816 aux Chambres, qui n'ont aucune initiative.

Les Ministres s'aperçurent, mais un peu tard, que les lois contre la liberté individuelle étaient incompatibles avec le caractère de protection que doit offrir, aux yeux d'un peuple libre, le gouvernement représentatif. Les cours prévotales ont été supprimées; la loi sur la liberté individuelle est rapportée, dans un temps où il existe plus de mécontens qu'à l'époque de sa création. Si cette loi n'est point nécessaire en 1818, *elle l'était encore moins en* 1817.

Pendant la session de 1815, un député (1) fit de judicieuses réflexions, dont la sagesse est confirmée par les faits et l'expérience. Il disait : « Pour me décider sur un projet de loi contre lequel je sentais ma raison s'élever, je cherchais des lumières, *un rapport sur notre situation*, *des documens positifs*, des procès-verbaux qui constatent des faits : rien n'a été mis sous nos yeux. Cependant nous avons un exemple à donner aux Chambres qui nous succéderont; nous devons éviter de nous engager, et de les engager avec nous dans une *fausse démarche*. Ce n'est point à

(1) M. Voyer d'Argenson.

nous àprouver que la loi proposée *est dangereuse ;* c'est aux ministres à prouver qu'elle est nécessaire. . . . . . . Nous avons ici des intérêts sacrés à ménager, et nous ne devons prononcer qu'en parfaite connaissance de cause. Rien ne doit être sous-entendu ; tout doit être clair et précis. »

Plût à Dieu que l'on eût suivi d'aussi sages avis ! Combien de troubles n'eût-on pas évités !

Les Ministres ont présenté naguères une loi contre la liberté de la presse, une loi sur le concordat, une autre sur le recrutement, et ce fameux budget de 1817, renouvelé pour l'année courante. Ils ont oublié, sans doute par inadvertence, une loi sur la responsabilité du ministère. Ils recevront des Députés l'invitation de réparer cette omission, avant l'adoption du système de finances ; du moins je conserve l'espoir de voir nos Députés remplir ce devoir sacré.

Dans le nombre des sept à huit lois présentées aux Chambres depuis deux ans par le ministère, en trouve-t-on une seule qui puisse *guérir les blessures qui n'ont que trop long-temps déchiré le sein de notre patrie* . . . . *fonder la* LIBERTÉ *sur le respect des lois, as-*

surer la tranquillité intérieure, SELON LE VOEU DU MONARQUE, SELON LE VOEU DOMINANT DE LA NATION ?

Les lois d'exception ont-elles fondé la liberté ? Nos systêmes oppresseurs de finances ont-ils guéri nos blessures ? La politique et l'administration des Ministres ont-elles rétabli la *tranquillité intérieure, afin de faire respecter la France au dehors* ?

Le traité de Paris renferme implicitement ce passage : « Le *maximum* de l'occupation » est de *cinq ans* ; ELLE PEUT FINIR AVANT CE » TERME, si, au bout de TROIS ANS, les sou- » verains alliés, de concert avec S. M. le » Roi de France, après avoir examiné mû- » rement la situation, les intérêts réciproques, » et les progrès que le rétablissement de » l'ordre et de la tranquillité aura faits en » France, s'accordent à reconnaître *que les » motifs qui les portaient à cette mesure, ont » cessé d'exister.* »

Les souverains alliés s'accorderont-ils à reconnaître *que ces motifs ont cessé d'exister*, lorsqu'il est notoire que les étrangers connaissent aussi bien, et peut-être mieux qu'un grand nombre de français, notre situation intérieure ? On sait d'ailleurs que les cabinets reçoivent sur notre situation des renseignemens précis, qui leur sont communiqués par les ambassadeurs et leurs agens diplomatiques.

Etait-il donc si difficile de rétablir l'ordre et la tranquillité ? Le vœu dominant n'était-il pas connu ? Ne s'est-il pas manifesté de toutes parts, dans maintes et maintes circonstances ?

Depuis long-temps de nombreuses réclamations invitaient le ministère à améliorer le systême vexatoire des impôts indirects. Pour nous donner des preuves de ses bonnes intentions, pour s'épargner un travail opiniâtre, pour gagner plus facilement ses traitemens considérables, au lieu de recourir à la recherche des moyens d'amélioration, le ministère, pendant la session de 1816, a demandé à la Chambre des Députés l'autorisation législative pour percevoir ces impôts pendant *trois ans*, conformément au systême établi, réprouvé par l'opinion. La Chambre, plus prudente, n'a point obtempéré à cette demande.

Une semblable proposition fut faite dernièrement relativement aux journaux : elle fixait la durée de la loi d'exception à la fin de l'année 1820. L'espoir du ministère a été encore une fois déçu. Les Ministres n'ont pas craint d'avancer qu'ils connaissaient *les vœux dominans, et qu'ils y répondraient.* Pour se convaincre que ces vœux ne sont pas accomplis, qu'ils écoutent *le Cri de la nation.*

La nation dit aux Ministres : Vous nous parlez sans cesse des circonstances, et ne donnez aucune explication sur leur nature et *leurs causes.* Elles dérivent de votre inhabileté, et non des événemens; c'est votre obstination inexcusable à nous présenter chaque année les mêmes orviétans, qui déchire nos plaies depuis deux ans. Les sept à huit lois que vous avez proposées, ne sont que de mauvais topiques; elles n'ont produit aucun résultat satisfaisant. Ce n'est pas en privant le peuple de ses droits, sous de frivoles prétextes, qu'on lui rend la jouissance de ses libertés, qui sont sa propriété; ce n'est pas en vous bornant à imposer et percevoir, que vous entretiendrez les sources de l'impôt et de la richesse publique; ce n'est pas en développant le germe des divisions par de vaines cathégories, ou en aigrissant les partis par de fausses mesures politiques, que vous opérerez l'union des citoyens; ce n'est pas avec vos lois que vous détruirez la misère, que vous contenterez les mécontens; ce n'est pas, enfin, en vous efforçant de faire adopter vos propositions telles que vous les présentez, en repoussant toute amélioration, que vous acquerrez des droits à la reconnaissance de vos concitoyens. Nous n'entendons que des mots, nous ne lisons que des phrases; de grâce, mettez sous nos yeux des preuves matérielles : des faits, des faits, des faits!

Les Ministres n'ont présenté aucuns faits pour appuyer la nécessité de paralyser la Charte. Lorsqu'ils apportent des propositions de loi, ils sont escortés du fastidieux cortége des circonstances; ils s'opposent aux améliorations que ces lois très-incomplètes sont susceptibles de recevoir, en effrayant les délibérans par le respect dû à l'initiative royale; ils regardent comme injurieux les écrivains qui émettent des réflexions sur les lois promulguées.

L'expérience, cette grande institutrice des nations, nous apprend que chaque année une loi nouvelle abroge une loi ancienne, et *l'améliore*. La loi de 1817, sur la liberté individuelle, a amélioré celle d'octobre. Depuis trois ans, trois lois ont été successivement délibérées sur la presse, pour améliorer les lois précédentes.

La discussion des lois rendues et à rendre est une propriété des citoyens sous le Gouvernement représentatif; le droit d'amendement est une propriété des Députés.

Le Gouvernement prépare le travail. Ce *travail préparatoire* est mis sous les yeux de la Chambre des Députés. L'approbation, résultat de la discussion et de la délibération, transforme le travail préparatoire en *un projet de loi*, qui, après avoir été soumis à la révision de la seconde Chambre, ne peut recevoir la force et la forme de la loi, que lorsque le Souverain l'a revêtu de sa sanction.

Si un Monarque pouvait gouverner seul, des Ministres deviendraient inutiles. Il serait aussi absurde de prétendre qu'un Souverain peut tout faire, qu'il serait ridicule d'exiger qu'une nation entière délibérât elle-même sur ses intérêts.

Le Souverain dépose ses pouvoirs entre les mains de ses Ministres révocables, en se réservant le droit, inhérent à son éminente dignité, de surveiller ses Ministres, et de se faire rendre compte de leurs opérations.

La nation confère ses pouvoirs à ses Députés, en se réservant le droit de surveiller leur conduite et leurs opérations. Cette surveillance ne peut être exercée que par l'exercice de la liberté de la presse. Alors tout citoyen peut écrire et signaler à la nation les fautes de ses fondés de pouvoirs, responsables envers elle, et admonester le Souverain sur les fautes ou les écarts des dépositaires de l'autorité.

Mais en critiquant les opérations des Députés dans l'intérêt général, les citoyens critiquent en même temps celle des Ministres, puisque les projets de loi, c'est-à-dire les travaux soumis aux Chambres, sont préparés par le Gouvernement. Les opérations des *deux pouvoirs* se lient nécessairement entr'elles (1).

---

(1) J'ai souvent été surpris de voir des publicistes distinguer *trois pouvoirs*; il n'existe réellement, sous le gouvernement représentatif, qu'un pouvoir législatif, divisé en deux sections, et le pouvoir exécutif. Cette distinction dérive de la nature des choses : il faut créer la loi et l'exécuter. Une puissance crée la loi; l'autre puissance l'exécute.

Comment ferait-on de bonnes lois, lorsqu'au lieu de s'entendre sur les choses, on chicane sur les mots ? On ne s'est point encore fait une idée exacte de la véritable signification du mot *séditieux*.

Les Ministres et les Députés ne se sont point encore entendus sur le droit d'amendement. Les Ministres ayant intérêt à perpétuer cette confusion, emploient la prérogative royale pour atténuer ce droit. Un certain nombre de Députés, par respect pour l'initiative royale, n'amendent pas, et rejettent même les amendemens. Si des amendemens deviennent nécessaires à la confection d'une bonne loi, il résulte de ces préjugés une loi vicieuse.

Le travail préparatoire sur la presse déférait aux tribunaux de police correctionnelle la connaissance des délits de la presse; les Députés proposèrent d'améliorer cet article. Ils auraient pu dire : nous consacrons le principe, et reconnaissons la compétence de ces tribunaux ; les Ministres ont oublié une garantie que nous réclamons dans l'intérêt de nos commettans. Pour réparer cet oubli volontaire ou involontaire, nous introduisons des jurés dans ces tribunaux;

nous modifions la loi, en améliorant cette juridiction politique; nous conservons sa base, nous ne dénaturons point votre proposition. Le travail que vous présentez, n'en sera pas moins un projet de loi répressif des abus de la presse. Nous avons atteint le but indiqué, puisque toute loi est créée pour atteindre un but.

Les Ministres ont opposé à ces argumens la prérogative royale. Il est permis de croire que le jugement par jurés eût été sanctionné par la première Chambre, si ceux qui ont voté *contre*, n'avaient pas été intimidés par la crainte d'empiéter sur l'initiative royale. On sait qu'une grande partie des orateurs s'était prononcée pour cet amendement.

Les Ministres n'ignorent pas que les jurés auraient infailliblement absous tout écrivain qui aurait critiqué les actes du Gouvernement, de la responsabilité desquels le ministère est seul chargé; en reconnaissant le principe, ils en auraient fait l'application.

Les juges se trouvent dans une situation particulière : quelles que soient leur intégrité et leur probité, ils sont les agens de l'autorité, et non pas les exécuteurs des lois, *lorsqu'il n'existe pas de lois politiques* qui renferment leur règle et leur servent de guide. Il n'en est pas de même, quand ils délibèrent ou prononcent sur une matière civi e ou criminelle : leur conscience repousse toute insinuation ; leurs devoirs sont tracés dans le Code civil, le Code pénal et le Code de procédure, qui expriment *la règle écrite.* Ainsi, sur les délits politiques, les jurés jugeraient selon leur conscience ; les juges prononcent | sous l'influence de l'autorité qui leur trace leur règle.

Lorsque nous aurons un code politique de la press e, il exprimera l'étendue des droits et les limites des devoirs des écrivains ; les tr:bunaux connaîtront ce qui est permis, ce qui est défendu ; ils prononceront en connaissance de cause ; ils marcheront avec assurance : autrement ils divagueront, et jugeront en quelque sorte selon l'impulsion qu'ils recevront. Cet état de choses, destructeur de la liberté publique, très-favorable à l'extension des cathégories ministérielles, aigrit l'esprit national.

Un code politique en harmonie avec le systême représentatif, consacrera tous les principes ; il sera le précieux développement de la Charte : les écrivains y trouveront un guide pour écrire, et les tribunaux une règle invariable pour juger.

Lorsque nous aurons un bon code politique, nous saurons qu'un écrivain peut blâmer les actes du gouvernement, sans insulter le Monarque, parce que le peuple est quelque chose. Il coopère à la confection des lois ; ayant le droit de faire rendre des comptes de leur exécution, il n'en peut demander qu'à ceux qui sont responsables envers lui, c'est-à-dire aux ministres, qui forment un corps constitué par la constitution, qui établit l'inviolabilité du Souverain, la responsabilité des Ministres, et le pouvoir national législatif.

Si nous attendons de nos Ministres actuels une bonne loi sur la presse, le jugement par jurés et le code politique, nous attendrons long-temps. Un Pair de France a dit, avec raison, pendant la dernière discussion, que nous pouvons juger du peu que nous obtiendrons, d'après le peu que nous avons obtenu.

Les Ministres refusent opiniâtrément de se constitutionnaliser, en prononçant sans cesse le mot *Charte*, et en nous vantant les avantages de la liberté sage. Cependant nous ne demandons pas autre chose que l'exécution de la Charte sans restriction, et la jouissance d'une sage liberté.

Depuis vingt-cinq ans, la France s'est préparée à recevoir ces bienfaits dont elle ne jouit pas. Des murmures se font entendre; l'esprit public est en fermentation. De ces murmures, de cette fermentation des esprits, notre pénétrant ministère conclut qu'il faut nous façonner à sa manière, pour faire de nous un peuple libre.

Je ne puis trop applaudir à l'intérêt que nous porte le ministère; il craint sans doute de nous faire mourir de joie, en nous disant demain à notre réveil : vous êtes libres, libres sous une monarchie constitutionnelle. Cet excès d'humanité fait honneur à nos Ministres; je les prie néanmoins de se montrer moins attentionnés, moins humains. Non, nous n'en mourrons pas; nous dirons tous : *Ouf! enfin on respire un air plus pur!*

Les *vœux dominans* n'étant point accomplis, les français se sont montrés hargneux. Que ces voeux soient réalisés, les Ministres ne se plaindront plus du déluge de brochures qui pleuvent de toutes parts; les écrivains ne bourdonneront plus ; les Ministres n'entendront plus les cris d'une nation qui veut avoir ce qu'elle n'a pas; ce qu'elle aura ne cessera pas de lui plaire : car il est dans la nature de l'homme de chérir la liberté légale.

Nos Ministres sont fins et adroits : si l'on censure une loi, en leur reprochant de l'avoir présentée mauvaise, ou d'avoir empêché qu'elle fût améliorée, en effrayant les améliorateurs par la prérogative souveraine, ils s'empressent de se cacher sous la pourpre royale. Là, se croyant inattaquables, ils s'écrient d'une voix de Stentor : C'est au nom du Roi que nous avons proposé la loi ; c'est le Roi qui l'a faite ; c'est son autorité qui l'a sanctionnée : respectez cette autorité inviolable et sacrée.

Si quelques écrivains *anonymes*, si les sycophantes ministériels nous disent : Ces hommes dont vous vous plaignez nous ont fait présent de l'ordonnance du 5 septembre et de la loi des élections, aussitôt les Ministres, ne se sentant pas de joie, cessent de faire entendre leur voix ; ils quittent précipitamment le manteau royal, s'avancent fièrement sur les degrés du trône, reçoivent solennellement l'encens qu'on leur offre : l'odeur qui émane des cassolettes ne les offusque point ; ils se gardent bien de dire à leurs coryphées porte-voix ou porte-plumes : « Vous insultez le Monarque, *en nous attribuant ses œuvres* ; c'est au Roi que vous devez offrir le tribut de votre reconnaissance, et non pas à nous : le Roi a fait l'ordonnance et la loi des élections. Ecrivains *anonymes*, nous faisons saisir vos brochures, qui portent atteinte à la majesté du trône, orateurs, nous vous imposons silence; vous vous écartez de vos devoirs, en manquant de respect au Souverain. (1) »

Les Ministres se plaisent à confondre le Monarque et son gouvernement ; ils assimilent la monarchie démocratique à la monarchie absolue : voilà pourquoi ils n'ont em-

---

(1) Il ne serait pas mal, disait Voltaire, qu'à la porte des Ministres il y eût des crieurs qui disent à tous ceux qui viennent demander des lettres de cachet.... : Messieurs, craignez de séduire le Ministre par de faux exposés, et d'abuser du nom du Roi.

Si cet écrivain vivait de nos jours, il pourrait ajouter : Ministres, craignez de séduire nos Députés par de faux expo s sen abusant du nom du Roi.

ployé que des tâtonnemens pour consolider le systême représentatif. Sous une monarchie absolue, un Roi est tout; il est à la fois le gouvernement, la nation et le législateur unique de l'état; il administre et régit sans contradicteurs; sa volonté est sa loi; il n'a aucun compte à rendre de ses actes et de son administration.

Dans le systême représentatif, le corps constitué représente le Gouvernement, dont le Souverain est le chef suprême, le guide, le moteur et l'ame; il doit à la nation un compte fidèle de l'exécution des lois, et de l'emploi des tributs dont il est le régisseur.

La personne du Souverain, chef du Gouvernement, étant inviolable, le Gouvernement, représenté par le corps ministériel, reste seul chargé de la responsabilité; c'est à lui que les Députés, qui représentent la nation, et les écrivains, leurs auxiliaires, doivent demander des comptes.

Le Roi est le chef du conseil des Ministres, qu'il préside. Le conseil est comptable envers le Roi, comme dépositaire de ses pouvoirs; il est comptable envers la nation, comme représentant le Gouvernement, parce que, dans ce systême, la responsabilité ne repose pas sur le chef, mais sur ses agens, qui composent un corps moral. Or, critiquer les actes du Gouvernement, ce n'est pas attaquer directement le Roi, qui n'est pas le Gouvernement, mais le chef non responsable et inviolable de ce Gouvernement. Il n'en est pas de même sous la monarchie absolue : attaquer le Gouvernement, c'est attaquer le Monarque, qui représente le Gouvernement et la nation. Les citoyens n'ayant aucuns droits, ne peuvent exercer celui de critiquer les actes du maître, qui n'a aucun compte à rendre, et n'agit que selon son bon plaisir.

Cette distinction entre le Gouvernement et son Chef rehausse singulièrement la majesté souveraine. C'est pour cette raison que, dans un système représentatif bien conçu, on doit toujours parler du Gouvernement représenté par le corps moral, constitué responsable, et prononcer rarement le nom du Monarque, à moins que ce ne soit pour causes majeures.

Le Souverain, comme chef du Gouvernement, est l'ame dn corps moral constitué. L'ame ne peut agir que selon la nature des sensations que reçoivent les sens. Si le corps est privé de ses sens, l'ame ne reçoit aucune perception. Le corps humain, privé de ses sens, reste dans un état de nullité voisin de la désorganisation. Si les membres du corps sont paralysés, la force de la volonté, exprimée par le *sensorium commune*, par l'ame, se trouve annihilée par la supériorité de la force d'un agent plus puissant. Cette force supérieure se rencontre dans l'insouciance, les intérêts personnels, l'inhabileté des membres du corps moral, qui n'exécutent pas ou exécutent mal la volonté exprimée par l'ame. Si le corps du Gouvernement éprouve des sensations dont l'ame reçoit une fausse perception, l'ame ne peut communiquer que de faux mouvemens.

C'est donc en vain que les Ministres essaieraient de s'envelopper du manteau royal, pour soustraire leur administration à la censure. Nonobstant toutes les divagations ministérielles, j'écris, je critique, en m'exposant moi-même à la critique de mes confrères, au ressentiment des Ministres, qui ne seront pas satisfaits de mon apologie, et des distinctions que je viens d'établir.

Je sais que d'innombrables abus sont commis, que les lois rendues ne sont pas exécutées, que de mauvaises lois sont présentées, adoptées ou rejetées ; mon sens commun me suggère cette idée, qu'il doit exister dans un état civilisé, régi par le système représentatif, des hommes responsables des abus, des iniquités, des vexations, dont les citoyens sont les victimes.

Nouveau Diogène, je prends ma lanterne; je chemine sans bruit; j'arrive devant le palais, que je salue très-respectueusement, et je continue ma route. Je parcours les places, les quais, les faubourgs. J'aperçois de beaux hôtels; j'y vois des lambris dorés, de grands Messieurs revêtus de beaux habits brodés, ayant bonne table, bonne cuisine, bel équipage, et 150 à 200 mille fr. à dépenser annuellement, pour nous rendre heureux, ou pour faire quelque chose de bien. Je m'arrête : je considère ces grands Messieurs, et m'étonne de les trouver si petits. Je m'écrie : Voilà les hommes que je cherchais ! voilà nos responsables ! voilà *les Ministres selon la Charte !*

La monarchie selon la Charte est inviolable et sacrée ; *le ministère selon la Charte* est *responsable et dissoluble.* Or, tout corps responsable n'est pas inviolable; tout corps dissoluble n'est pas sacré. On peut blâmer, censurer les actes de la *dissolubilité* et de la *responsabilité*. Vainement les Ministres me diraient : Le Roi fait tout; nous ne sommes que ses scribes et ses messagers. Je leur répondrais : Le Roi ne payerait pas aussi grassement de simples scribes, de simples messagers; vous êtes quelque chose de plus assurément. Je vous vois entourés d'honneurs, et vous supportez un fardeau. Le fardeau vous attire des louanges ou d.s reproches, selon que vous savez l'alléger ou le rendre plus lourd. Vos honneurs sont des roses; la responsabilité est l'épine.

Si je prenais la liberté d'interroger le Monarque, s'il daignait répondre du haut de son trône à son interlocuteur, il me dirait : « Je suis si élevé, tellement élevé, que je ne puis voir *tout ce qui se fait*, *tout ce qui se passe loin de moi*. La nation a une part active dans la législation; elle a le droit imprescriptible de se faire rendre compte de l'exécution des lois. Je fais exécuter ma position, mon élévation ne me permettent pas de suivre et de surveiller l'exécution jusques dans les villes, les hameaux et les montagnes. La nation, par son alliance avec la monarchie, forme la base du système représentatif, dont la Charte est la règle, dont les lois sont les développemens. La nation doit surveiller, comme partie intéressée, conjointement avec moi, dans l'intérêt commun de la monarchie et de la patrie. Les Députés surveillent pour la nation; les Pairs surveillent pour moi. Les écrivains sont les auxiliaires, les troupes légères de l'alliance ; leurs ouvrages, leurs brochures sont des rapports, des procès-verbaux, dans lesquels doit être consigné ce qui se fait, ce qui ne se fait pas, ou ce qui doit être fait dans l'intérêt commun. Si le Gouvernement, dont je suis l'ame et le guide, n'exécute pas les ordres du chef, s'il fait de faux mouvemens qui peuvent mettre en péril la cause commune, que les écrivains aillent à la découverte, qu'ils attaquent le Gouvernement; je ne suis point passible de ses fautes, lorsqu'il n'exécute pas mes ordres, ou lorsqu'il me soumet un mauvais plan de campagne, à moi qui n'ai pas la facilité de visiter les lieux. Adressez-vons donc à mon Gouvernement, au corps moral, seul responsable : je ne veux rien entendre, et ne m'attaquez pas. Ecrivain, ajouterait le Monarque, gardez-vous bien d'être assez téméraire pour vous approcher de trop près de la majesté du trône ; redoutez le sort de l'infortunée et trop curieuse Sémélé. »

Satisfait de la réponse, fuyant à toutes jambes l'embrasement, je viendrais redire les paroles du Monarque *au ministère selon la Charte*, en criant : Vous l'entendez, ministère, c'est à vous que je dois m'adresser. Je ne veux point imiter Sémélé. . . . . C'est en vain que les Ministres m'enverraient de Caïphe à Pilate, de leurs commis à leurs agens, de leurs agens aux Députés ; des Députés aux Pairs de France ; je m'obstinerais à rester devant eux. Immobile comme un terme, je répéterais ce qu'avaient coutume de répéter les disciples de Pythagore : *Magister dixit.*

Les circonstances actuelles fournissent aux Ministres la possibilité de dissuader le Souverain, en opposant l'esprit de parti aux critiques dirigées contr'eux.

Si les journaux sont mis sous les yeux du Monarque, ils diront au Souverain : Les traits lancés sur nous par les deux minorités de la Chambre des Députés, ne peuvent nous blesser. L'une de ces minorités est composée *d'ultrà*, et l'autre est formée par des hommes que nous signalons à V. M. comme des *extrà* ou des *citrà ;* nous seuls, Sire, nous sommes vos *intrà*, nous et nos amis.

Si quelqu'un soumettait à la méditation du Roi la brochure de M. de Ch. et la mienne, qui toutes deux renferment quelques vigoureuses sorties contre les Ministres, (quoique je ne partage pas généralement les opinions de M. de Ch.), les Ministres diraient au Monarque : L'auteur du *Systême politique adopté par le ministère*, est un *ultrà :* notre conduite lui déplaît : V. M. en connaît la raison. L'auteur du *Cri des Peuples* est un distributeur de mensonges et de calomnies. Son ouvrage est condamné à l'oubli ; il n'a point fixé l'attention ; il est réprouvé par l'opinion. Ils ajouteraient peut-être : Cet auteur est un fou, qui a publié ces absurdités pour que nous le fassions taire, en lui donnant une place. J'observerais alors aux Ministres que ce n'est pas en lui présentant des placets aussi doucereux que ma brochure, que l'on obtient des places et des faveurs de Leurs Excellences ; que je n'ignore pas qu'ils tâchent de faire taire les écrivains, en cherchant dans leurs ouvrages quelques phrases réputées *séditieuses*, et non en leur donnant des places; que tous ceux qui obtiennent des places ne censurent pas les opérations ministérielles et les projets de loi; qu'ils en sont au contraire les approbateurs aveugles et dévoués.

Si quelques hommes de cour représentaient au Monarque qu'on se plaint des Ministres, les Excellences pourraient encore détruire l'effet de ces plaintes, en disant : Les personnes qui vous entourent, Sire, se rattachent, par d'anciens souvenirs, par d'anciens malheurs, ou des liaisons de famille, à cette classe de français dont l'ordonnance du 5 septembre a voulu atténuer le zèle trop ardent. Nous exécutons l'ordonnance : ces individus ne peuvent aimer vos Ministres, et approuver leurs opérations.

Ainsi, le Roi, par sa position actuelle, à cause des circonstances, ne peut connaître *la vérité de la vérité*. S. M. se trouve forcée, par la nature même des choses, de s'en rapporter à ses Ministres, qui n'ont jamais tort, parce qu'ils ont tous les moyens d'avoir toujours raison aux yeux du Souverain, qui ne peut juger contradictoirement, en n'entendant que ses Ministres.

Les Ministres chérissent les lois d'exception, dont le règne perpétue la durée des circonstances, qui, en prolongeant notre anxiété, sont devenues le véritable élément des Ministres. Plus de circonstances, plus de ministères pour les Ministres.

Le Ministère a dit QUE SA MARCHE NE CHANGERA JAMAIS. Tous les bons citoyens doivent désirer ardemment un changement de Ministres, afin de voir changer la marche du ministère, qui n'est pas la meilleure des marches possibles.

Nos ministres, témoins de nos calamités toujours croissantes, devaient s'empresser d'imiter ce Ministre de Louis XVI, qui, ne pouvant faire le bien, préféra la retraite aux grandeurs, et remit le porte-feuille.

Quand des Ministres aiment leur pays et leur Souverain, il est de leur devoir de leur offrir le sacrifice de leur amour-propre et de l'intérêt personnel.

Si le peuple, en compensation de ses impôts, a le droit de réclamer la paix, la sureté, l'aisance, la protection, une liberté sage, tout fonctionnaire public, quel que soit son rang dans l'Etat, doit le tribut de ses veilles, de ses travaux, de ses efforts, de son temps, à la chose publique, en échange de son traitement. Tout individu qui, en postulant un emploi, ou en remplissant une fonction quelconque, n'a d'autre but que le désir de palper le salaire, et de jouir des honneurs qui y sont attachés, tient la place d'un homme utile, qui, conciliant ses devoirs avec ses intérêts et ceux de l'Etat, ne dépenserait point en ambition les sueurs du peuple.

Sur quel calcul hypothétique ou problématique le ministère établirait-il sa longévité? Vantera-t-il ses services? Le peuple lui imposerait silence, en lui disant : voyez couler nos larmes ; et ces hommes, accoutumés à trouver dans le travail leur existence, honnêtes citoyens, vertueux pères de famille, confinés par le sort dans un triste réduit, dérobant leur misère à la vue des passans, se borneraient à pousser de profonds soupirs, éloquemment interprétés par leurs voisins.

Ah! combien grande serait la témérité de nos ministres, si, profitant de la pénible position du Monarque, que j'ai précédemment décrite, ils étaient assez présomptueux, assez ennemis de leur pays, pour se maintenir, sans sourciller, à la faveur des circonstances, au faîte des grandeurs, lorsque les sanglots de l'indigent, les plaintes de l'opprimé s'unissent de toutes parts aux *cris de la nation!*

Les événemens ont mis à contribution la raison et l'intelligence du ministère : ses tributs n'ont point répondu à notre attente. Nous avons fait un douloureux essai des talens de nos médecins politiques; espérons que le père de la grande famille, *qui ne peut tout voir, tout entendre, tout savoir*, mieux informé de la situation critique dans laquelle se trouvent ses enfans, confiera à d'autres Ministres le soin de réaliser les intentions manifestées par Sa Majesté, le soin *de fonder la liberté sur le respect des lois, de donner de la stabilité au crédit, de guérir des plaies qui n'ont que trop long-temps déchiré le sein de notre patrie, d'assurer la tranquillité intérieure, pour faire respecter la France au dehors*. Espérons......

Serait-il donc bien difficile de composer un bon ministère? Il me semble que celui que je vais présenter réunirait toutes les conditions indispensables pour arriver sur les degrés du trône, escorté par l'opinion, et environné de l'estime publique.

Affaires étrangères.	M. le duc DE RICHELIEU, (Ministre actuel.)
Guerre.	M. le maréchal GOUVION-ST.-CYR; (Ministre actuel.)
Intérieur.	M. le duc DE LA ROCHEFOUCAULT-LIANCOURT, *Pair de France*, inspecteur général des écoles des arts et métiers, membre du conseil-général des arts et manufactures.
Finances.	M. le duc DE GAETE, député.
Police générale.	M. VOYER-D'ARGENSON, (protecteur de la liberté individuelle, et défenseur des droits de la nation.)
Justice.	M. le comte LANJUINAIS, *Pair de France* (ennemi des iniquités et des abus.)
Marine.	M. le conseiller d'état PORTAL, administrateur supérieur des colonies.

Je crois avoir exposé d'une manière irrécusable la nécessité de changer nos Ministres. Quand je verrai des Ministres s'occuper du bien public, sacrifier l'intérêt personnel à l'intérêt général, donner de fortes garanties de leurs bonnes intentions, je m'empresserai de faire leur éloge; je chanterai leurs louanges avec une satisfaction que je n'éprouve pas, en remplissant aujourd'hui un devoir qui m'est imposé par la situation critique de mon malheureux pays.

Si l'on demande au ministère actuel pourquoi nous n'avons point encore vu paraître cette terrible loi sur la responsabilité du ministère, cette loi depuis si long-temps promise, depuis si long-temps attendue, cette loi dont la présentation aurait éloigné tout soupçon, détruit le doute, dissipé nos craintes, ranimé nos espérances, les Ministres répondent : Nous n'avons pas eu le temps........

DEPUIS DEUX ANS!

Si l'on demande au ministère pourquoi il élude toutes les réclamations, pourquoi il n'a pas fait droit à tant de justes palintes, accueilli favorablement tant de récriminations; pourquoi il s'est abstenu d'arrêter le cours des dénis de justice, pourquoi nos lois fondamentales ont été si souvent violées impunément par les magistrats, pourquoi il ne s'est pas fait rendre un fidèle compte de ces infractions, les Ministres répondent : Nous n'avons point eu letemps. . . . . .

DEPUIS DEUX ANS !

Si l'on observe au ministère que nous

attendions une loi complète sur la presse, qui, basée sur les principes de la saine polique et de la morale la plus sévère, évitât aux écrivains les piéges, les embûches tendus à leur bonne foi, à leur sureté, au milieu des lacunes de notre législation politique; une bonne loi qui, en leur indiquant leurs devoirs, en leur prescrivant leurs droits, eût contenu la règle écrite de ce qui est permis et de ce qui est défendu, les Ministres répondent : Nous n'avons point eu le temps. . . . . .

DEPUIS DEUX ANS !

Si l'on dit au ministère que l'administration gigantesque, créée par un gouvernement militaire conquérant, n'est plus en rapport avec nos institutions pacifiques, qu'elle dégénère en anarchie ; si l'on ajoute qu'elle est à reconstituer ; que, dans certains départemens, les chaînons administratifs sont rompus ; que, dans certaines paroisses, des individus prétendent donner des ordres au curé ; que, dans d'autres, le curé empiète sur l'autorité et les attributions civiles du maire ; que, dans quelques provinces, les administrations civiles, militaires et judiciaires, agissent en sens inverse, qu'elles ne s'entendent pas; si l'on demande pourquoi une administration ferme et vigoureuse n'a point soumis les citoyens à une règle uniforme, en plaçant les administrés sous la bienfaisante protection de magistrats intègres, et sous l'égide de lois égales pour tous, les Ministres répondent : Nous n'avons point eu le temps. . . . . .

DEPUIS DEUX ANS !

Si l'on dit au ministère que le commerce, l'industrie, l'agriculture font entendre *vainement*, chaque année, leurs plaintes, leurs gémissemens, leurs lamentations; qu'il se borne à imposer et percevoir; que les contribuables sont tyrannisés, imposés inégalement et arbitrairement; qu'il se commet d'innombrables abus dans l'exécution du système contributif (1), les Ministres répon-

---

(1) Une nouvelle fixation de l'année financière sera probablement établie pendant la discussion du budget : je propose aux Chambres l'adoption du système de finances de 1818, tel qu'il est pour les six premiers mois.

J'invite les deux Chambres à s'occuper de la confection d'un nouveau système de finances moins ruineux, moins vexatoire, qui serait exécuté à partir

dent : Nous n'avons point eu le temps........

DEPUIS DEUX ANS !

Si l'on demande au ministère pourquoi, pour suivre la route qui lui avait été tracée par le Souverain, il n'a pas médité, calculé, combiné de salutaires améliorations, soumis des vues, des plans, des projets aux législateurs, pour atteindre le but indiqué et désiré, les Ministres répondent : Nous n'avons point eu le temps......

DEPUIS DEUX ANS !

Si l'on se plaint de ce que le nombre des hommes inoccupés augmente annuellement la masse des indigens ; de ce qu'aucunes mesures n'ont été prises pour arrêter les ravages causés par la misère et l'oisiveté, par ces fléaux destructeurs de l'ordre social et de la tranquillité publique, les plus dangereux ennemis des gouvernemens, les Mi-

---

du 1er. juillet prochain, premier jour de la nouvelle année financière. Pendant la session de 1818, les Chambres pourront perfectionner ce nouveau système, en prenant pour règle les renseignemens qui leur seront communiqués, soit par les orateurs, soit par les écrivains.

nistres répondent : Nous n'avons point eu le temps. . . . . .

DEPUIS DEUX ANS !

Ventre-Saint-Gris ! ministère, qu'avez-vous fait pour le Souverain ? Qu'avez-vous fait pour l'indigent ? Qu'avez-vous fait pour le bonheur public ? Qu'avez-vous fait enfin pour ma chère, ma bien chère, ma très-chère patrie ? . . . .

DEPUIS DEUX ANS !

FIN.

SUPPLÉMENT

A L'OUVRAGE INTITULÉ

LE CRI DE LA NATION,

Par Alexandre Crevel.

Ayant écrit dans l'intérêt de tous, je dédaignai l'éclat d'un procès, et ne recherchai point cette famosité qui suit inévitablement la saisie des ouvrages, content de l'approbation que les gens de bien avaient donné à mon *Cri des Peuples*. Je me suis borné, en écrivant, à présenter des réflexions pour atteindre un but utile. J'ai appris avec satisfaction *que tous les honnêtes gens partageaient mes opinions;* tels furent du moins les éloges flatteurs qui frappèrent plus d'une fois mes oreilles; ils sortaient de la bouche de quelques amis de l'ordre, du bien et de la tranquillité, dont la moralité et les vertus ne peuvent être révoquées en doute.

Cependant, au moment où le nouvel ouvrage ci-joint est sur le point de sortir de la presse, je reçois une assignation pour comparaître, le 14 mars, devant MM. les juges du tribunal de première instance, *pour répondre* « et procéder sur et aux fins d'une procédure » de laquelle il résulte que le susnommé est » l'auteur d'une brochure intitulée : LE CRI » DES PEUPLES, laquelle présente aux pages..... » des passages qui renferment *des expressions* » *séditieuses, ayant pour objet*, tant direct » qu'indirect, d'affaiblir par des calomnies et » des injures, le respect dû à la personne et à » l'autorité du Roi, délits prévus par les arti- » cles 5, 9 et 10 de la loi du 9 novembre (1). »

Le Cri des Peuples, publié le 5 novembre 1817, fut saisi à sa troisième édition, *par ordre supérieur*, le 3 février 1818 (trois mois après la publication). Je comparus devant M. le juge d'instruction le *vingt-un du même mois*. Les griefs qui me furent imputés ne consistaient que dans quelques passages qui figuraient sur trois ou quatre pages. Cependant, l'assigna-

(1) J'ai publié mon ouvrage le 5 novembre 1817, sous l'empire de la loi du 26 février 1817, et il est saisi sous l'empire d'une loi qui ne me régissait pas lorsque j'ai écrit.

Tous les ouvrages déférés aux tribunaux, sortent des presses ; ils sont *publiés* et *saisis* sous l'empire de la loi existante, celle de novembre 1815. Il est évident que je ne suis point dans le même cas.

tion que je viens de recevoir, porte que ma brochure renferme des passages que l'on trouve dans *vingt-huit pages* (*isolées*). Il y a évidemment contradiction entre la procédure et l'assignation.

Mon ouvrage n'était point séditieux en novembre, décembre, janvier, puisqu'il circulait librement à Paris et dans les départemens. Le 21 février il ne renfermait que trois ou quatre pages dont le contenu *paraissait* être répréhensible; et depuis le 21 février jusqu'au 9 mars, dans l'espace de vingt jours, on a trouvé en plus *vingt-quatre pages séditieuses*. Il m'est permis de croire que si je n'avais reçu l'assignation qu'en avril, on eût trouvé une quarantaine de pages séditieuses. Cette progression de séditions m'a paru singulière; d'ailleurs, *la troisième édition*, saisie, ne renferme pas un seul mot de plus que les deux premières, mais des fautes typographiques.

Mon ouvrage n'était pas séditieux le *lundi gras;* mais ce jour même, j'eus la maladresse, toujours dans l'intérêt de mon pays et pour le bien général, de faire distribuer GRATIS, aux deux chambres, quatre cent cinquante exemplaires d'une pétition dans laquelle je présentais un *travail préparatoire* pour servir de base à un projet de loi sur la législation de la presse.

M'étayant sur des principes de morale et d'équité, j'avais la témérité d'enlever dans mon projet, *au ministère*, le monopole des journaux et la direction de la librairie, en plaçant les écrivains et les journalistes sous la protection légale d'un conseil supérieur de la presse, indépendant, sous la surveillance de deux commissions des deux chambres. Le lendemain de la distribution de cette pétition, c'est-à-dire, le jour du mardi gras, on a saisi, non pas la pétition...., mais *le Cri des Peuples*. Je soumets cette observation, digne de remarque, à mes lecteurs et à MM. les juges. Avant le lundi gras, jour de la distribution de la pétition, *le Cri des Peuples n'était pas séditieux*; le lendemain, l'auteur l'était... Étrange particularité!

J'avais adressé une lettre à la commission des pétitions; je n'ai jamais entendu parler de ma pétition; j'ignore si les journaux ont oublié ou reçu l'ordre de ne point en parler, ou si la commission l'a consignée dans son portefeuille. Cependant, lorsque la commission mentionne dans son rapport des pétitions puériles qui excitent le rire général, telles que celles qui présentent les moyens de faire de la farine avec de la céruse, et du café avec du gland de chêne, ou qui demandent le divorce d'un jeune homme de dix-huit ans, marié à une vieille de soixante-quinze ans, l'auteur d'une pétition qui renferme un projet de législation sur la presse, quelque vicieux que paraisse être ce projet, peut prétendre à une mention particulière.

J'aurais désiré connaître les passages séditieux qui se rencontrent dans les vingt-huit pages désignées. La page 87 est séditieuse, dit-on; quelle est cette page? elle renferme vingt-trois lignes. Quelles sont ces lignes? elles sont *toutes* extraites de mon adresse à la chambre des députés, et de mon essai philosophique, publiés en décembre 1816, de ma médecine politique, publiée le 11 février 1817, adressée aux ministres du Roi, auxquels j'en ai envoyé sept exemplaires. Ainsi ces vingt-trois lignes renfermées dans ces trois ouvrages *non saisis*, n'étaient pas séditieuses; mais la réimpression dans mon *Cri des Peuples* leur a donné un caractère de sédition. Réfléchissez MM. les juges, et vous aussi lecteurs!

La page 145 présente aussi un caractère de sédition, dit-on; quelle est cette page? elle renferme la moitié de la proclamation aux souverains alliés. J'invite ces princes, avec une louable modération, à faire évacuer notre territoire, à nous affranchir de nos charges extraordinaires, dans l'intérêt de leurs sujets, afin de rétablir l'équilibre politique et commercial de l'Europe. Et je suis séditieux ! Je ne l'aurais pas été sans doute aux yeux de l'autorité, si j'avais invité les alliés *à rester éternellement chez nous, et à perpétuer nos charges*. C'est cependant ainsi que l'on se permet d'injurier un écrivain, en prétendant que les vingt-huit pages, dont celles précitées font partie, renferment des passages séditieux, ayant pour objet d'affaiblir, par des calomnies et des injures, le respect dû à la personne du Roi.

M. le juge d'instruction me signala ce passage, page 73 : « La France languit, souffre et s'épuise; quel est l'état de son gouvernement? point de dissimulation, Messieurs, soyez francs; il chancèle. » Comme il n'est pas facile de me prouver que je suis séditieux, à moi, qui ne le suis et ne le serai jamais; à moi, qui sais mieux que qui que ce soit, ce que je suis, j'opposai la page 54, que l'on n'a pas citée, dans laquelle je dis aux députés : Vous avez à réparer l'édifice social qui s'écroule, et à SOUTENIR *la monarchie, qui chancèle*. Or, en conseillant aux députés de SOUTENIR la monarchie qui chancèle, je n'avais pas l'*intention* de la renverser; car je ne pouvais me dispenser de leur donner un pareil conseil.

J'attends que l'on m'indique les *expressions*

séditieuses renfermées dans les autres pages. J'aurai peut-être l'honneur de ressembler à ces écrivains à qui, selon un honorable membre de la chambre des députés, on revélerait une finesse d'intentions perfides, dont eux-mêmes ne se seraient guère douté, ou à ces auteurs favoris, dans les ouvrages desquels d'habiles commentateurs trouveraient une foule de beautés secrètes, auxquelles l'auteur ne pensait guère.

Je pose ici un principe qui sera toujours reconnu comme sacré, tant que la morale exercera son empire dans le temple de Thémis, que l'on ne peut juger un auteur que sur ses intentions *réelles*, et non *supposées*.

Interrogé par M. le juge d'instruction sur mes intentions et mon but, je répondis que mon ouvrage avait été écrit, non pas dans l'intérêt des peuples contre les rois, mais dans l'intérêt des peuples et des rois contre les ministres; que dans la première partie, jusqu'à la page 53, j'avais signalé les fautes, les écarts des ministres en général; ceux des ministres français dans la seconde partie.

Je n'ai pas avancé une fausse assertion; il est facile de s'en convaincre en lisant ce que j'ai dit de la fausse politique des cabinets, en parlant du cardinal de Richelieu, de Bukingham et d'Olivarès. Il suffit encore de jeter les yeux sur les pages qui concernent nos ministres, auxquels je donne le conseil salutaire de *présenter leur démission*, pour s'assurer que telle a été ma *véritable* intention.

Si ces preuves prises dans l'ouvrage, et dont se contenteraient les hommes les plus difficiles et même les incrédules, qui prétendent lire dans les consciences, et scruter la pensée, puissance que Dieu seul s'est réservée, n'étaient pas suffisantes, je pourrais m'armer d'argumens irrésistibles, même aux yeux de l'arbitraire le plus despotique.

M. le procureur du Roi prétend que je suis séditieux, et moi je prétends que je ne le suis pas : lequel des deux a raison ? Je demanderai avant toutes choses quelle est la siguification du mot *séditieux?* M. le procureur du Roi serait peut-être tout aussi embarrassé que moi pour le bien définir. En pareil cas il est nécessaire de s'entendre sur les mots, pour bien s'entendre sur les choses. Il n'en est pas des faits intellectuels comme des faits matériels. Les premiers ne frappent que l'esprit, et sont autant de prothées qui prennent toutes les formes que leur donnent les écarts de l'imagination de l'autorité ;

les autres parlent à l'esprit et aux sens ; les sens rectifient les erreurs de l'esprit.

Pour juger mon ouvrage, M. le procureur du Roi a-t-il une règle fixe dans la loi, une base invariable ? Existe-t-il une loi qui spécifie les délits de la presse ? Le Code civil établit la règle civile ; le Code pénal et le Code de procédure spécifient les délits civils; lorsque les lois sont violées, l'accusation est le résultat de la volation de la loi, qui établit la règle dont on s'est écarté. La règle me dit que je ne dois pas voler mon voisin ; si je viole la règle, je commets un délit. Raisonnons conséquemment : quelle est la règle des écrivains ? où se trouve-t-elle celle que j'ai violée ? Si on ne peut stipuler et prouver, non par des paradoxes ou des allégations hasardées, mais mathématiquement, que j'ai violé la règle, je ne suis point peccable. Ai-je fait ce qu'il est permis de faire ? me suis-je écarté de ce qui est défendu ? Qu'on me le prouve.

La règle ne se trouvant pas dans les lois, je la trouve dans la loi naturelle. J'ai suivi la loi naturelle, qui m'ordonne de plaider en faveur du malheur et de l'indigence, contre les iniquités, les injustices, et la mauvaise administration, qui fait des malheureux.

M. le procureur du Roi me répondra : à défaut de règle écrite positive, la règle de l'autorité doit prévaloir. Je répliquerai : l'autorité a-t-elle fait connaître sa règle ? Les simples opinions des ministres et des juges peuvent-elles être considérées comme des autorités ? Vous avez vos opinions sur les devoirs de l'écrivain ; j'ai les miennes : vous pouvez avoir tort ; je puis avoir raison.

Vous prétendez que je ne dois pas écrire sur telle ou telle matière ; si je prétends de mon côté que j'en ai le droit, mon opinion est peut-être préférable à la vôtre. Laquelle doit prévaloir ? Est-ce la vôtre ? Mais vous êtes accusateur. Est-ce l'opinion de MM. les juges ? Les juges sont juges ; leurs opinions ne sont des autorités et des règles que lorsqu'ils appliquent la loi. Nos codes sont la règle civile de tous les tribunaux du royaume, qui, sur la presse, jugent sans règle. Tel tribunal jugera un ouvrage en extrayant quelques passages interprétés selon l'opinion particulière de chaque juge ; tel autre tribunal ne jugera que l'ensemble de l'ouvrage. Nous avons des exemples de cette dissidence et de cette versalité de principes non établis. Alors les juges tombent dans l'arbitraire. *L'arbitraire* ne peut être un apanage, dévolu *à la justice*, avec laquelle cette monstruosité est incompatible.

Si, dans le sein du tribunal, M. l'avocat du Roi et MM. les juges prennent leurs opinions pour loi, ils s'érigent en législateurs, ils empiètent sur la puissance législative, ils cessent de remplir le devoir de juges, puisque dans la même audience *ils appliquent une loi créée par eux-mêmes*. Les juges ne sont pas des législateurs, mais les organes de la justice, les exécuteurs de la loi; mais la justice ne peut prononcer que *d'après un principe reconnu, consacré par la loi*. Si le principe n'est pas reconnu, si la loi qui le consacre n'est pas promulguée, les juges sont incompétens, parce qu'ils ne peuvent accuser l'écrivain de s'être rendu coupable d'un délit qui résulte de la violation des lois *qui n'existent pas* ou qui ne sont pas promulguées.

Lorsque la législation civile est silencieuse sur un délit imprévu, on a recours aux lois romaines ou aux anciennes ordonnances, aux anciens arrêts; mais en matière de la presse, il n'existe aucunes ordonnances, aucuns arrêts, puisque la liberté politique de la presse a pris naissance dans l'existence du système représentatif, enfant né de la civilisation moderne.

Vous consacrez donc, me dira-t-on, le principe de l'impunité? Non, répondrai-je; mais je veux que l'on juge les délits de la presse en se pénétrant du principe que le gouvernement représentatif diffère entièrement du gouvernement absolu. Si vous m'objectez que je n'ai pas le droit de critiquer les actes du gouvernement représentatif, responsable, comptable envers la nation, je dirai : « Ce principe est absurde et digne des temps de barbarie; faites établir le principe par la puissance législative, quelle que soi sa monstruosité, je me conformerai à la loi, parce que mon premier devoir de citoyen est d'obéir aux plus mauvaises lois, en gémissant sur les erreurs des législateurs. » Mais avant de me juger, vous devez constituer la règle qui doit me diriger; si je m'écarte de la loi, alors vous m'accuserez.

Mais, ne foulerait-on pas aux pieds la morale, la religion et la justice, en disant : « Je commence par vous accuser. Pour vous prouver que vous êtes coupable, je vais faire une loi, établir un principe, et je concluerai que vous n'avez pas obéi à la loi (*qui n'était pas créée* LORSQUE VOUS AVEZ ÉCRIT); vous vous êtes écarté du principe que j'établis devant vous *le jour, à l'heure même* QUE JE VOUS ACCUSE, principe qui vous était inconnu *avant votre comparution devant vos juges.* » L'auteur répondra : « Si j'avais connu votre loi, cette loi que vous venez de créer *à l'instant même*, je n'aurai pas écrit, parce que je ne voudrais pas être séditieux.... » Hélas! hélas! sommes-nous bien au dix-neuvième siècle!

Si l'on confond la monarchie absolue avec la monarchie démocratique ou mixte, on ne s'entendra plus.

Le gouvernement est un corps; le Roi en est l'ame. Le Roi ne peut être à la fois *l'ame et le corps*. Dans le système représentatif, le Roi est-il le corps? Alors j'attaquerai l'ame, parce que je ne veux pas attaquer et injurier le Roi. On ne peut forcer ma volonté. Admettez-vous que le Roi est l'ame? alors j'attaquerai le corps, par respect pour le Roi. Choisissez.

Je vis sous un gouvernement représentatif; la nation a une part dans la législation et l'administration; elle a le droit de demander compte de l'exécution des lois, de l'emploi des impôts, et de ce qu'on a fait pour son bonheur, puisque les gouvernemens sont institués pour atteindre un but, c'est-à-dire pour gouverner; en un mot, pour s'occuper du bonheur des peuples ; je suis membre de la nation ; je suis écrivain auxiliaire des représentans ou de leurs délégués ; j'ai à me plaindre : à qui me plaindrais-je ? est-ce à l'ame ? Mais le Roi est l'ame. Je me plaindrai donc au corps, qui est le gouvernement. Quel est ce corps ? c'est le *corps constitué*, le conseil des ministres, autrement le ministère : *donc en m'adressant au gouvernement*, je ne ne m'adresse pas au Roi ; j'imite les députés dont je suis l'auxiliaire.

Sous le gougernement impérial, dit représentatif, Bonaparte pouvait renvoyer ses ministres, se charger seul du fardeau du gouvernement, correspondre avec les préfets, les cours judiciaires, les préfets maritimes, les généraux, les receveurs-généraux, les maires ; il en avait le droit. Le chef du gouvernement se trouvait dans la position d'un monarque absolu dont la puissance était tempérée par la représentation nationale. Envers qui la nation pouvait-elle exercer le droit de demander des comptes ? Etait-ce au souverain ? sa personne était inviolable. Etait-ce à ses ministres ? ses ministres n'étaient que de simples agens en premier ordre de l'autorité impériale. Les préfets étaient les agens civils du second ordre, les sous-préfets composaient le troisième ordre, et les maires le quatrième ordre. Il n'existait point de gouvernement formant un corps. Les ministres n'avaient qu'une responsabilité individuelle, comme premiers administrateurs, de même que chaque préfet avait la sienne. En principe, ce gouvernement mal constitué n'était point un véritable gouvernement représentatif : il dégénéra en monarchie absolue.

Sous le gouvernement royal il existe *un corps de gouvernement* responsable (en perspective) constitué par la constitution, *durable comme elle*. Le Roi peut dissoudre le conseil des ministres, comme il peut dissoudre la chambre des députés. Mais le conseil des ministres et la chambre sont deux corps moraux, toujours existans, sans cesse composés de membres, ou représentés par de nouveaux êtres physiques. Le corps des députés est responsable moralement envers la nation, qui lui délègue ses droits, ses pouvoirs. La nation change à volonté, dans les élections, les membres de son corps moral; le Roi change à volonté les membres du corps moral ministériel. Ces deux corps sont toujours en présence. Le Roi et la nation restent derrière eux, les font agir respectivement, en surveillant leurs opérations. Le corps ministériel, le gouvernement, dont le

Roi est le chef, comme dépositaire de l'autorité royale, rend compte au Roi de sa gestion ainsi qu'à la nation, envers laquelle il est responsable.

Si les juges prennent la règle dans la décision de l'autorité supérieure, ils la trouveront dans le principe du ministère. Je rétorquerai d'ailleurs au ministère ses propres argumens. Il a dit, le 15 novembre 1816, que le Roi est l'ame et le guide du gouvernement. Si, de l'aveu des ministres, le Roi est l'ame et le guide du gouvernement, le corps constitué des ministres représente donc le gouvernement. C'est en vain que, par des divagations, des subtilités, les ministres voudraient *abuser du nom du Roi* pour se soustraire à la responsabilité et aux attaques sous un gouvernement représentatif, dirigé par un chef qui, du haut de son trône, ne *pouvant tout voir, tout entendre, tout savoir*, ne sait que ce qu'on veut bien lui dire, ignore ce qu'on veut bien lui taire (1).

---

(1) J'ai dit, page 148 du *Cri des Peuples*, plaignons, plaignons *sincèrement* les souverains, toujours adulés par les Sycophantes de cours, *toujours trompés par leurs ministres*, ils ignorent le bien qu'ils peuvent faire et les maux qu'ils devraient éviter ; donc je n'ai pas *injurié et calomnié le Roi* en critiquant les actes du gouvernement (du ministère.)

Donc *je n'ai point tenté, par des calomnies et des injures, tant directes qu'indirectes, d'affaiblir le respect dû à la personne et à l'autorité du Roi.*

Voilà des principes, voilà des règles! Que M. le procureur du Roi, pour me combattre *victorieusement*, en établisse de meilleures et de plus sages, s'il le peut.

Il est temps enfin de tirer notre législation politique du chaos dans lequel elle est restée, pour éviter de funestes abberrations, attentatoires aux droits des écrivains qui marchent dans la carrière politique, forcés de sauter sans cesse pour éviter les piéges continuellement tendus sous leurs pas; il est temps de sortir de ces systèmes de confusion constamment à l'ordre du jour; il est temps de faire un sincère retour vers l'ordre, la morale, les principes et la justice.

Je n'ai point écrit en brouillon, avec des intentions séditieuses : je le prouve.

Témoin de toutes les bévues des ministres, qui agissaient *contre l'intérêt du Roi*, et contre l'intérêt du peuple; j'ai signalé aux députés ces écarts, en les invitant à y remédier. C'est aux députés que j'ai parlé, puisque mon ouvrage est le discours d'un *supposé* député.

Je n'avais point de guide; les ministres depuis deux ans ne se sont point occupés du soin d'en donner un aux écrivains, parce qu'ils ont un très-grand intérêt à entretenir cette confusion de toutes les idées et de tous les principes. Je voulais écrire dans l'intérêt de tous, et dire des vérités fortes et utiles. Que faire pour suppléer au silence des lois? Pour donner des preuves de ma bonne foi, j'ai fait précéder mon ouvrage d'un chapitre intitulé : *Droits et devoirs de l'Ecrivain*. Voilà un fait positif. J'ai suivi la route que je m'étais tracée, puisque notre législation ne m'en traçait aucune : pouvais-je mieux agir?

Si je venais dire, après la saisie de mon ouvrage, que je n'ai point écrit avec une intention séditieuse, on pourrait encore me répondre : Vous ne l'avouerez pas; cet aveu vous condamnerait.

Ayant appris que le ministre avait donné aux journalistes l'ordre de ne point annoncer mon *Cri des Peuples*, je pris précipitamment la plume; je traçai en trois jours une petite brochure, publiée en novembre, sous le titre de : *Cri des auteurs, adressé au conseil des ministres*. On y remarque les passages suivans :

« Si cet ouvrage (le Cri des Peuples), est anti-moral, anti-royal, anti-national, POUR-

QUOI EN A-T-ON PERMIS LA PUBLICATION, *est-ce par complaisance?* Vous ne me connaissez pas, Messeigneurs, je m'en suis aperçu. S'il n'est pas susceptible de RÉPROBATION, pourquoi en défend-on l'annonce, la critique, l'examen aux journalistes, est-ce en vertu d'une loi? cette loi n'existe pas. J'ai écrit avec assurance *sans redouter la* SAISIE, fier de défendre la plus noble des causes, celle du malheur et de l'humanité.

» Il est des écrivains envers lesquels les ministres peuvent tenir une conduite tout-à-fait différente de celle sanctionnée par l'usage. Sans le secours des tribunaux, sans afficher le scandale, vous pouvez juger vous même mon ouvrage; faites-moi passer votre critique, vos réflexions, signalez-moi mes mensonges, mes CALOMNIES, etc. etc., je prendrai la plume pour consigner dans un nouvel écrit que je livrerai de suite à la presse, mes ERREURS et mes INJURES même, si vous me démontrez que je suis INJURIEUX. »

Or en *novembre*, quinze jours après la publication de mon *Cri des Peuples*, je demandai que l'on me signalât mes INJURES et mes CALOMNIES. Remarquez qu'à cette époque mon ouvrage circulait librement, que mon libraire en vendait cent exemplaires par jour, que je n'étais nullement inculpé, que je n'avais aucune raison pour me justifier, que je devais bien me garder *d'éveiller l'attention de l'autorité* si j'avais écrit avec une intention séditieuse; j'étais convaincu que *la vérité* n'est pas une *sédition*.

Cependant, M. le procureur du Roi *affirme* que certains passages ONT POUR OBJET d'affaiblir par des INJURES et des CALOMNIES le respect dû au Roi. M. le procureur prétendrait-il connaître mieux que moi ma pensée...? N'ai-je pas demandé en *novembre*, à l'autorité supérieure, *aux ministres*, si mon ouvrage renfermait des INJURES et des CALOMNIES? M. le procureur du Roi, plus instruit que moi, me les impute aujourd'hui; s'il me fait la réponse à ma demande, chacun avec moi l'avouera, elle est un peu trop tardive. Ce magistrat et les ministres ont employé deux mois et demi à réfléchir.

Le silence du ministère non public et du ministère public, celui des autorités locales sur ma demande *imprimée et publiée*, n'étaient-ils pas des *aveux tacites* de consentement des AUTORISATIONS de publication.... Aujourd'hui on défend cette publication. Quel vent de bise a donc fait tourner la girouette ministérielle?

D'après les faits que je viens d'exposer, le ministère pensera-t-il que cette saisie le couvre d'honneur...? Non, elle le tuera dans l'opinion publique.

Le ministère et M. le procureur du Roi ont, par leur SILENCE, leur INACTION pendant *trois mois*, AUTORISÉ, FAVORISÉ, FACILITÉ, EXCITÉ, PROVOQUÉ, AIDÉ, PROTÉGÉ la publication du *Cri des Peuples*. S'ils me regardent comme séditieux, *ils étaient donc mes* COMPLICES?

Le Roi pourrait leur dire (s'il en était instruit), vous avez *autorisé*, *favorisé*, *protégé* la distribution d'un ouvrage qui fut *trois fois réimprimé sous vos yeux*; trois fois il a dû subir la censure préalable; trois fois la déclaration en a été faite par l'imprimeur; trois fois vous en avez reçu le dépôt; trois fois vous avez donné le récépissé des cinq exemplaires; quinze exemplaires ont été déposés. Cet ouvrage était connu de l'autorité; si vous le signalez comme séditieux, comme ayant *pour objet* direct et indirect d'affaiblir par des *calomnies* et des *injures*, le respect qui m'est dû, vous avez donc abusé de ma confiance et des pouvoirs que je vous ai délégués; si l'auteur est réputé séditieux, quelle conduite dois-je tenir envers vous.....?

Si l'auteur n'est pas séditieux, pourquoi saisissez-vous son ouvrage? Je ne vous ai pas chargé d'agir dans votre intérêt personnel, de servir vos petits ressentimens, de tourmenter les écrivains, de tendre des embûches à leur bonne foi, de les déranger, pour votre bon plaisir, de leurs affaires, de leurs occupations; si c'est en mon nom que vous opérez, *vous abusez du nom du Roi*, je vous retire mes pouvoirs et ma confiance.

Le Roi pourrait ajouter : Direz-vous que vous n'avez pas eu connaissance de cette publication? alors, je vous reprocherai de n'avoir pas été assez actifs, assez vigilans pour reconnaître la sédition d'un ouvrage dont *quinze* exemplaires ont été déposés. S'il vous faut *trois mois* pour réfléchir, vous manifestez bien peu de dévouement pour mes intérêts; je ne puis désormais utiliser vos services.

Il est donc évident que, quelle que soit l'issue de mon procès, les ministres ne peuvent maintenant rester au ministère dans les trois cas.

Si j'étais naturellement porté à la sédition, j'aurais favorisé les séditieux dans le travail préparatoire sur la presse, que j'ai fait distribuer aux deux chambres. J'ai fait mieux que les ministres en atteignant un but moral, trèsmoral ; j'ai tracé des mesures préventives, j'ai donné une règle aux écrivains, en leur évitant les pièges que les ministres se plaisent à leur tendre. Cependant, on ose m'injurier en me désignant comme séditieux.

Parce que j'ai déployé le noble caractère d'un honnête écrivain, parce que je n'ai point écrit en vil adulateur des ministres, je suis séditieux ! Je ne serais donc point séditieux si je m'étais vautré dans la fange de l'ignominie, en me traînant de bassesses en bassesses, en parodiant ma conscience, en sacrifiant l'intérêt général à quelques intérêts personnels.

Un grand nombre de discours prononcés dans les deux chambres, renferment des passages séditieux. Les journalistes en sont devenus les distributeurs, les éditeurs ; les journalistes et les orateurs seraient donc des séditieux : ils auraient manqué de respect au Roi, les uns en critiquant les actes du gouvernement, *et surtout les opérations ministérielles*, les autres en publiant ces critiques irrévérencieuses. M. de Châteaubriant, M. Lanjuinais, et beaucoup d'autres écrivains, sont dans le même cas.

Les ouvrages des anciens et des modernes, qui figurent dans les boutiques des libraires, sont séditieux indirectement. *Aristote*, *Phocion*, *Plutarque*, *Sénèque*, *Tacite*, *Cicéron*, *Voltaire*, *Rousseau*, *Vely*, *Mably*, *Mézerai*, *Vertot*, *Payne* (1), sont séditieux. Que dis-je! des empereurs, Marc-Aurèle et Antonin, furent séditieux indirectement.

Savant Fénélon, bon Sully, sage Montesquieu, vos cendres n'échapperont pas à la persécution. Il me serait facile de démontrer que vos ouvrages renferment des passages plus séditieux que ceux de ma brochure.

Je m'engage formellement à prouver que le discours imprimé, prononcé en 1775, par le vertueux Malesherbes, renferme, selon nos modernes doctrinaires, qui, heureusement ont peu de prosélytes, des passages plus séditieux que les pages de ma brochure. Louis XVI, après avoir écouté pendant une heure le *sédi-*

(1) Payne a dit : Dans les âges anciens où les hommes étaient occupés isolément du soin de leurs troupeaux, il ne fut point difficile à des bandes de brigands de bouleverser une contrée, et de la mettre à contribution. Leur pouvoir établi, le chef quitta le nom de VOLEUR pour celui de MONARQUE; de là, l'origine des *monarchies* et des *rois*.

Payne. Payne, c'est trop fort! votre ouvrage est chez les libraires. Gare, gare la saisie! votre ouvrage n'est pas séditieux, mais il provoque *indirectement* à des *crimes*.

tieux; *l'impudent* Malesherbes, se vengea en le nommant son ministre garde-des-sceaux (2).

J'offre enfin de prouver *que les discours prononcés par nos ministres dans les tribunes*, renferment des passages qui ont pour objet d'affaiblir DIRECTEMENT le respect dû à la personne du Roi. Les ministres sont deux fois séditieux, comme citoyens et comme dépositaires du pouvoir, chargés de montrer le bon exemple.

Avouons-le franchement, nos ministres ne connaissent point la science du gouvernement; ils ne s'en doutent même pas; ils ne savent ce qu'ils font, ce qu'ils veulent et ce qu'ils doivent faire : ils s'égarent continuellement; les citoyens sont les seules victimes de leurs bévues. Pourquoi restent-ils au ministère malgré l'opinion? personne ne les en prie. Dans le succès de ma brochure, succès qui les offusque, ils devaient trouver la règle de leur conduite. Ce

---

(2) Je me bornerai à citer le paragraphe suivant, qui peint notre situation, et dont la dernière ligne est en rapport avec le titre de ma brochure.

« Le remède n'est pas d'exiger, par autorité absolue, des secours que la situation de vos sujets rend impossible. L'illusion de ce conseil funeste sera bientôt démontrée par les non valeurs, et le cœur de V. M. sera ému par LES CRIS UNIVERSELS DE SON PEUPLE. »

succès leur fait connaître l'état de l'opinion à leur égard. De toutes parts les brochures sortent de la presse pour les censurer, et la nation applaudit au zèle des écrivains.

Pendant la discussion de la loi sur la presse, un ministre a dit pour faire adopter la loi : *On jouit de la liberté pleine et entière de la presse.* On a répondu à cette assertion téméraire, par des rires et des murmures.

La loi est rejetée. De toutes parts, la saisie frappe les brochures à tort et à travers. Quelle jonglerie ! quels pièges ! quels embûches ! quelle politique immorale !

Mon ouvrage est entre les mains de six à sept mille individus ; il a été lu par un nombre bien plus considérable.

MM. les juges pourraient-ils élever la prétention de *reviser en première instance* un jugement prononcé *en ma faveur* par le tribunal de l'opinion publique, par cette haute cour de cassation qui prononce en dernier ressort sur les délits politiques, qui intéressent la société tout entière.

Non. MM. les juges sont trop sages pour montrer une telle témérité ; ils reconnaîtront leur incompétence, puisque le tribunal de l'opinion a pronocé déjà sur cette affaire, *les pièces à la main*.

Mon *Cri des Peuples* se trouve dans une situation toute différente de celle des autres brochures, toutes saisies en sortant de la presse. Une énorme responsabilité pesera sur la probité, l'intégrité, l'indépendance, la conscience et l'honneur de MM. les juges, qui ne peuvent se laisser influencer par des hommes du moment : les juges sont inamovibles.

Souvenez-vous, ministres, que vous sortez de la foule, et que vous devez rentrer dans la foule.

P. S. Ma cause a été appelée hier 14 ; M. Marchangy, avocat du Roi, a dit : « La révolution » eut aussi son *Orateur du Genre humain* et son *Ami du Peuple*; on sait comment ils se nommaient. »

M. Marchangy, ils se nommaient *révolutionnaires*. Avez-vous le droit de me calomnier, de m'injurier et de me diffammer?

» Depuis long-temps leur succession restait va» cante..... Nul écrivain n'osait y toucher..... » M. Crevel suit docilement les erremens de ses » devanciers. »

Ma foi, M. Marchangy, c'est trop fort. Vous avez des devoirs à remplir; comme magistrat, vous en franchissez les bornes. Un magistrat doit-il être un diffamateur? Est-ce ainsi qu'il montre l'exemple, qu'il honore la magistrature? Ai-je hérité de la succession des révolutionnaires, en disant, p. 148,

Veillons au salut de l'empire,
Veillons au maintien de nos lois ;

mais ne répétons pas, comme les révolutionnaires :

Si le despotisme conspire,
Conspirons la perte des rois.

Ah! plaignons les rois, etc. etc.

» Comme eux, il affecte une sensibilité d'ima-
» gination ou de calcul sur des malheurs CHIMÉ-
» RIQUES, répand des larmes *feintes* sur de
» *feintes* douleurs ; ne parle que d'actes arbitraires,
» que d'oppression, de tyrannie. »

Vous vous dites bon chrétien ; vous prononcez le nom de religion, en suivez-vous les préceptes ; lorsque vous voyez les indigens vivre comme des chanoines, lorsque vous prétendez qu'il n'existe pas de malheureux en France, vous faites une bien triste apologie de votre sensibilité, et vous n'êtes assurément pas l'ami de l'humanité, quoiqu'un bon chrétien doive aimer son prochain comme soi-même, secourir le malheureux ou plaider sa cause.

C'est en professant de semblables principes, c'est avec de telles opinions que les ministres ont aggravé nos maux, et qu'au lieu de faire des royalistes, ils ont fait autre chose, selon l'expression de M. de Chateaubriant.

Vous m'invitez à me transporter *dans les chaumières et dans les ateliers de ce peuple dont j'ai* RÊVÉ *les cris.*

M. Marchangy, je n'ai pas le temps de faire ce petit voyage : vous savez qu'il faut que je réponde, le 28 mars, à vos calomnies et à vos injures, à vos diffamations. Vous avez dit que je suis un *révolutionnaire* ; souvenez-vous-en, car je m'en souviendrai.

Pour votre instruction, afin que vous ne rêviez pas un bonheur *chimérique*, je vous invite à vous transporter *dans les monts-de-piété* ; dans les bureaux des pétitions des deux chambres ; examinez les nombreuses réclamations qui y sont déposées. Telle est la réponse d'un révolutionnaire, qui rêve des malheurs *chimériques*, des *feintes* douleurs. Si je suis à vos yeux un *pessimiste*, aux miens, vous êtes un insouciant *optimiste*. Les deux extrêmes se touchent; donc nous sommes deux ILLUMINÉS : au moins

De moitié nous serons ensemble.

Ma sensibilité n'est point de calcul, quand je remplis mon devoir, en m'exposant aux tracasseries, aux ressentimens des ministres, ainsi que le prouvent les *faits présens*. M. Marchangy m'imitez-vous?....

Ne craint-il donc pas, ajoutez-vous, le *honteux désaveu* de ceux dont il s'est constitué indirectement le défenseur suprême? Je réponds : deux éditions ; l'écoulement rapide d'une troisième de quatre mille exemplaires; approbation générale en tout ou en grande partie, tel est le *honteux désaveu* d'un ouvrage *entièrement séditieux*.

Le peuple, dites-vous, JOUIT D'UNE SAGE LIBERTÉ! Si vous me reprochez des écarts d'imagination, et mon *illumination*, souffrez que je vous adresse le même reproche. Un de vos réquisitoires a été publié dans les journaux; l'auteur a vainement invoqué cette LIBERTÉ SAGE, que vos yeux facinés aperçoivent partout; il n'a pu jouir du droit inviolable et sacré de faire publier sa défense en réponse à votre accusation. Vraiment, M. Marchangy, je ne puis vous définir.

Vous paraissez vous être fait un plaisir de citer isolément des phrases dont les idées sont développées par les *antécédens* et les *conséquens* que vous avez oubliés avec intention. Vous dénaturez ma pensée et mes idées. Ce moyen, aussi adroit qu'ingénieux, ne me donne pas une haute idée de votre impartialité, le plus bel apanage du magistrat.

Vous me blâmez d'avoir engagé les députés à ÉVITER *le réveil du peuple*; je devais donc les inviter à réveiller le peuple : c'est ce que firent les révolutionnaires. Bravo! M. Marchangy, vous n'êtes pas révolutionnaire assurément; car vous paraissez disposé à chanter le *Réveil du Peuple.*

Vous observez que j'ai développé un paradoxe sur la légitimité; encore une fois, pourquoi vous permettez-vous de citer une phrase placée au milieu d'une dissertation. Pourquoi ne citez-vous pas les antécédens et les conséquens? N'ai-je pas dit : « *Les droits légitimes* du monarque, héritage VALIDÉ par d'anciennes conventions, tacites ou écrites, ou par le laps des temps, se trouvant en présence des droits naturels du peuple, le souverain *fait valoir ses droits, la nation fait reconnaître les siens* (page 62). »

Eh bien! M. Marchangy, pourquoi tant de réticences? pourquoi tronquez-vous mes paragraphes pour leur faire présenter un sens différent? qui vous a suggéré ces intentions perfides? Je vous somme de me répondre au nom de l'honneur du corps judiciaire dont vous faites partie.

Pouquoi avez-vous oublié *volontairement* l'article du *Journal des Débats*, que je porte en note? L'esprit du *Journal des Débats* n'est-il pas connu? est-il ennemi de la légitimité?

Pourquoi citez-vous avec affectation Marc-Aurèle et Antonin, en laissant de côté, avec intention, le bon Henri, que j'ai placé à côté d'eux? Quoi! vous parlez de légitimité! vous répudiez Henri IV! Ah! ah! M. Marchangy, je ne vous comprends pas; je ne vous conçois pas; quel homme êtes vous!

Une charte qui n'est point exécutée ne fait point jouir un peuple de ses bienfaits; une charte qui n'est point exécutée n'existe point en fait : elle n'est qu'un fantôme de charte; car la charte permet aux auteurs de faire imprimer dans les journaux une réponse aux avocats du Roi.... Vous m'entendez, M. Marchangy. Je vous somme, au nom de l'honneur, d'avouer avec moi que nous n'avons qu'un fantôme de charte.

J'ai dit, page 122, *la constitution est le feu sacré de la nation ; malheur au peuple qui le voit éteindre!*

Cependant, M. Marchangy, franchissant toutes les bornes des convenances, des bienséances et de l'équité, vous avez fait rouler votre réquisitoire sur ce fond : *que j'ai, par mes insinuations*, excité à DÉSOBÉIR à la charte ; *que je répands et accrédite des NOUVELLES tendantes à alarmer les citoyens sur le maintien de l'autorité légitime, et à ébranler leur fidélité.*

Ah! dans la juste indignation qui m'anime, je m'écrie: Quelle imposture! quelle calomnie! quelle perfidie! quelle infamie!

M. Marchangy, en ce moment Dieu scrute nos pensées; il interroge nos consciences : la mienne est calme ; elle n'est agitée par aucuns remords. Je désire que la vôtre se trouve dans le même état.

Je n'ai pas le temps, M. Marchangy, de répondre ici à toutes vos injures. Le plaidoyer de mon avocat réfutera votre réquisitoire, qui me paraît avoir été rédigé avec une plume que vous avez trempée, probablement par distraction, dans l'écritoire de quelque ministre, *pour me noircir.*

Puisque vous affimez, sans être illuminé, que *nous jouissons d'une liberté sage*, je me plais à croire que vous vous chargerez de faire lever les obstacles ministériels, afin que les journaux publient ma défense, après avoir publié vos accusations, *qui ont pour objet direct et indirect d'affaiblir par des injures et des calomnies, le respect qui est dû à la personne d'un honnête homme.*

DE L'IMPRIMERIE DE RENAUDIERE,
MARCHÉ NEUF, N°. 48.

www.ingramcontent.com/pod-product-compliance
Ingram Content Group UK Ltd.
Pitfield, Milton Keynes, MK11 3LW, UK
UKHW020249250726
13967UKWH00004B/1581